超级沟通力

汪士玮 著

让更多人追随你

北京时代华文书局

图书在版编目（CIP）数据

超级沟通力 / 汪士玮著 . -- 北京：北京时代华文书局，
2025. 9. -- ISBN 978-7-5699-6158-4

Ⅰ . C933.2-49

中国国家版本馆 CIP 数据核字第 20250J4V94 号

北京市版权局著作权合同登记号 图字：01-2022-6277

本著作简体字版通过四川一览文化传播广告有限公司代理，由原著作者正式授权，同意经由城邦文化事业股份有限公司—PCuSER 电脑人文化事业部创意市集出版社授权出版中文简体字版本，非经书面同意，不得以任何方式及形式重制、转载。

CHAOJI GOUTONGLI

出 版 人：	陈　涛
策划编辑：	王凤屏
责任编辑：	王凤屏
责任校对：	薛　治
装帧设计：	孙丽莉
责任印制：	刘　银

出版发行：北京时代华文书局 http://www.bjsdsj.com.cn
　　　　　北京市东城区安定门外大街 138 号皇城国际大厦 A 座 8 层
　　　　　邮编：100011　电话：010-64263661　64261528

印　　刷：三河市兴博印务有限公司
开　　本：880 mm×1230 mm　1/32　　成品尺寸：145 mm×210 mm
印　　张：7.25　　　　　　　　　　　　字　　数：156 千字
版　　次：2025 年 9 月第 1 版　　　　　印　　次：2025 年 9 月第 1 次印刷
定　　价：49.80 元

版权所有，侵权必究
本书如有印刷、装订等质量问题，本社负责调换，电话：010-64267955。

推荐序

许皓宜
畅销心理学图书作家、大学副教授

成为职场上更成熟的大人

常常听到年长的主管提起公司里的年轻员工时，频频摇头表示自己无法理解年轻员工在想什么。而年轻员工更是觉得在职场上找不到知音，做什么事都不被认同。双方都需要一台"翻译机"，让彼此明白对方真正的需求是什么。对年轻人而言，他们需要学习一门学校鲜少教导的"向上沟通学"；对主管们而言，他们则需要学习一门"新世代的领导学"。读了士玮的新书后，我却觉得，这两门学问已经在她的新书中被清楚地介绍了，其中包括：

1. "懂得"，是关系的基础

如果可以，我相信大部分人会选择当一个受人信任、尊敬的领导者，而非一个令人惧怕的领导者。无奈现实常常事与愿违。书中涉及的"成长型领导力"的概念，恰好攻破了职场中就事论事的观念，以"心"为基础，从态度到做法，协助职场工作者通过"懂得（觉察）"的技巧，来建立具备信任基础的团队关系。

2. 知彼知己，职场才不会产生无谓的耗能

在人际关系中，倘若我们把关注焦点过度放在他人或自己身上，都是不健康的沟通模式，这样的沟通模式会把人带进"讨好他人"或"过度以自我为中心"的误区。"成长型领导力"的概念有效地结合了"他人"与"我"的双重主体，协助职场工作者学习一种知彼知己的沟通模式，避免使错了气力，让自己陷入一种无谓的耗能状态。

3. 无关年龄，职场是我们"长成大人"必走的最后一段路

现代心理学家发现人类大脑中原来有一处"同理心中枢"，而许多人成年之后这一区域的发展仍不成熟，这就局限了我们换位思考的能力。在本书中，有许多很棒的观点和练习，通过了解这些观点能帮助读者拓宽视野，觉察他人与自己之间的差异。这对同理心的发展将是有助益的一件事。

在这个年代，同理心在为人处世各方面发挥的作用不容忽视，谢谢士玮的书，让我们在繁忙的工作之际，还能通过"成长型领导力"的方法，蜕变为一个更成熟的大人。

推荐序

林明樟（MJ）
连续创业家、顶尖财报职业讲师

希望第一次当主管时就能看到这本书，其实所有的问题分析到最后，可能都是人的问题。如果你刚好是企业的主管或是小组的领头人，可能会十分认同这个观点。

20多年前我第一次当上小主管时，不懂得什么是好的沟通、好的领导，那时最深的体验是：管理工作让人精疲力尽，求助无门。每个人的个性都不一样，管理难度增加。随着年龄渐长与经验积累，我才稍稍掌握了如何与下属沟通、如何带领团队前进的技巧。真希望我第一次当主管时就有一本主管操作手册，能指导我成长，让我在带团队方面少走一些弯路，多留下一些能力强的团队伙伴。

很高兴听到好友汪士玮（台积电前驻厂心理咨询师）花了大量的时间，将她在职场中协助过数千人的经验集结，写成了一本好书。如果你也想带人高效又轻松，这本书中可能有你一直在追寻的答案。

这本可用来实践的书，越读越让人有认同感，读书的同时,也让我掉入时光隧道,回想起不同时期的自己,在带领团队时做错了哪些事、说错了哪些话……如果你也是一位追求带好团队的主管,这本书非常适合一直追求卓越的你。这本书我给五星好评,也推荐你看一看。

作者序

写一本书要花这么多宝贵的时间,为什么我还想写这本书?有什么疑问,是我想通过这本书解答的?我希望通过这本书,传达什么对读者是有帮助的、什么是这本书特有的。

每次打开计算机中的文档,我就会问自己一遍这些问题。然后,越写,我越觉得能够把这本书完成并呈现给大家,是一件很好的事情。

我想写一本在我当主管时就能知道如何领导员工的书,它可以让当主管的我压力小一点,让我知道怎样引导员工、怎样好好说话、怎样让我和员工更有效地凝聚力量,带动彼此前进、互相支持,一起成长。

我想写一本在我当主管时解答我对项目管理、对领导的工作安排有疑问的书,它可以教我看到自己还不够好的地方,也能教我聚焦方向、不消耗自己,快速进步。

我想写一本当我在帮助员工的时候能用到的书,它能教我通过第一视角,理解员工面对工作时采取某种态度的原因；它让我明白原来主管与员工的目标是一致的：大家普遍希望自己能够发挥能力、被外界肯定，自己的进步能被他人看到。

我想写一本大家可以不用在工作上耗心耗力，而是可以用积极向上的方式，看待自己与他人成长的书。

我们都不完美，即使职位不同，都是在为这个世界贡献自己的一份心力。把事做好、把人带好、把心照顾好。当我想清楚了这件事，我写作的速度更快了，行文也更流畅了。

写这本书，花了我半年的时间，写的却是我半生的经验。我要感谢在我年轻时，总会为晚归的我守门的爸爸，他即使一直为我担心，还是任我去飞翔，任我探索自己的路。也要谢谢我人生中的两位领导：周总跟陈主任，他们是我的榜样。周总总是用满满的信任，带着我看愿景，也放手让我去实践。陈主任做事地道，对事情分析得清晰，对人充满关怀，是我心中的典范。也感谢前辈们带给我不同的学习经验。我也要给几个月前回归家庭的温蒂送上我的祝福。在我踏入企业咨询的领域时，她对员工的关怀、对工作的热情与超强的执行力，不断地感动着我、激励着我。

我前半生走过的路，充满了很多人对我的教导与祝福。在这本书中，我提出"业绩表现图"与"成长型领导力"的概念。主管可以运用业绩表现图，初步盘点员工的状况，并运用成长型领导力中"建立关系""澄清问题""展开行动""正向反馈"的4个步骤，一步步带领员工成长。希望打开这本书的你，能收获一些了解自己的方法，接纳自己；了解一些管理的理论与对话的技巧，有更多高效做事的空间。找到反馈自己成长的方式，在领导别人之前，先领导自己。

祝福我们的每一天，都能够充满动力、持续成长。

1 与员工一起成长的主管领导学

1 - 1 为什么主管需要花时间帮助员工？　　　*002*
1 - 2 什么样的员工需要主管辅导？　　　*011*
1 - 3 领导员工的心理地图　　　*023*
1 - 4 读者如何利用这本书？　　　*031*

2 建立关系

2 - 1 主管如何帮助员工自我觉察？　　　*036*
2 - 2 如何帮助员工终止负向循环？　　　*047*

2-3	主管如何通过5种权力与员工建立信任关系？	*058*
2-4	员工不愿开口，主管该怎么办？	*066*
2-5	主管如何打开耳朵听见、听懂员工？	*075*
2-6	如何掌握有效的员工关怀与评估时机？	*085*

3 澄清问题

3-1	员工是能力不行还是意愿低下？	*098*
3-2	如何找到诱发问题的关键事件？	*108*
3-3	员工需要的是直接提供最佳解吗？	*120*
3-4	主管如何及时发现员工存在的风险并支援？	*129*

4 展开行动

4-1	如何找到改变员工行为的内在驱动力？	*134*
4-2	如何从员工过去的成功经验中找到员工可迁移技能？	*143*

| 4 - 3 | 如何协助员工设立短期的合理目标? | **153** |
| 4 - 4 | 如何与员工建立正向具体的目标? | **163** |

5 正向反馈

5 - 1	小心期待完美的自己，主管与员工都是！	**174**
5 - 2	聚焦有效行为方案，提升员工自我效能	**185**
5 - 3	为团队建立正向鼓励、看见优点的工作流程	**196**
5 - 4	让员工持续正向地螺旋式成长	**205**

1

与员工一起成长的主管领导学

1-1
为什么主管需要花时间帮助员工？

身为主管，总是要花时间在员工身上。但是大多数时候，光是指导员工如何改正错误、跟进员工的工作进度，就已经占去了主管一大半的工作时间，主管哪里还有时间可以辅导员工呢？

但是，正是因为这样的想法，导致主管陷入"总是要花很多时间帮员工解决问题"的境地。于是一种恶性循环开始了：因为没有事前发现员工的困境，没有事前觉察员工的不良状态，所以事后要花更多的时间去做补救。

如果你是主管，面对员工时，你想把时间花在事前辅导，还是花在事后补救呢？

只花时间管业绩，员工通常还是不服气

"不要说什么心理学、什么辅导，这样做只会浪费大家的时间，找方法逼员工把业绩交出来就好了。"

"其实我一点儿也不想当主管,这年头当主管有什么好的呢?员工不服气,说多了还要被嫌弃。职务补贴只有一点,但是责任重了好多,上班时间被无限延长,还得事后帮员工'补破网',员工还觉得那是我这个主管应该做的,'扎心'!"

"以前我当员工,只需要做好自己的事情就好,工作没那么复杂。现在当主管,一个月也没多挣多少钱,却变得有开不完的会、听不完的抱怨。"

"这年头的员工到底在想什么!做事不好好做,抱怨超多!一天到晚向主管要时间、要人手、要资源,需要他们扛任务时,他们就推三阻四,反而要主管帮忙干这个、帮忙干那个,要求特多。到底我是主管还是他是主管?感觉好像做事情多一些他就很吃亏,这些年轻人到底是什么心态呀!"

这些话,你是不是感觉很熟悉呢?可能有时候你会听到其他主管这样跟你说,或者,有时候你自己也会这样想!为什么这一代的年轻员工,就这么不服管、不主动、爱抱怨?想到这里,你可能就会想:带领员工真是一件苦差事,以前当员工只要做完自己的事就行,现在还要常常帮员工做收尾工作,有时还会遇到喜欢阴阳怪气、爱抱怨的员工,做事挑三拣四,甚至还会跟其他部门的同事抱怨。

当主管哪,真是劳心劳力!

员工的冰山模型

主管们,还记得我们刚开始进入职场时候的样子吗?我们大多数都是从基层一步一步做起。之后随着经验的累积,逐渐展现实力,工作能力被同事肯定、被上司赏识,开始有机会进一步成为主管。

我们可以将这些能够被看见的实力以及积累的职场经验分为"外显胜任力"与"内隐胜任力"。

什么是外显胜任力,什么又是内隐胜任力呢?让我们先来了解一下,什么是"胜任力"。

1934 年,美国劳动部委托心理学家 W.V. 宾厄姆以跨部门的组织形式,开始调查各项工作职务项目,编制职业编码表,分析当时各种工作需要的共通性技能。之后,美国对职能项目的研究陆续展开。

1973 年,美国哈佛大学教授戴维·麦克莱兰提出应该更重视学习业绩,而非先天智力,开始提出"胜任力"概念,用来促进员工业绩,以及组织发展员工专业的路径。

麦克莱兰将胜任力形象地描述为漂浮在水面上的冰山,即著名的"冰山模型":水上部分代表表层的知识和技能,这些是相对容易被观察和测量的,而水下部分则代表深层的胜任力,包括社会角色、自我概念、特质和动机等。水上可以观察到的部分即为"外显胜任力",水下观察不到的部分即为"内隐胜任力"。

"外显胜任力"包含胜任职务必备的基本知识、技能等,是相对容易了解、测量或是量化的能力,这部分能力也比较容易通过训练来增强。

"内隐胜任力"则包括员工的社会角色、自我概念、特质和动机等,是一个人内在较不容易被测量、量化的部分,比较不容易因外界影响而得到改变,却是决定一个人能否在工作中取得卓越成就的关键因素。

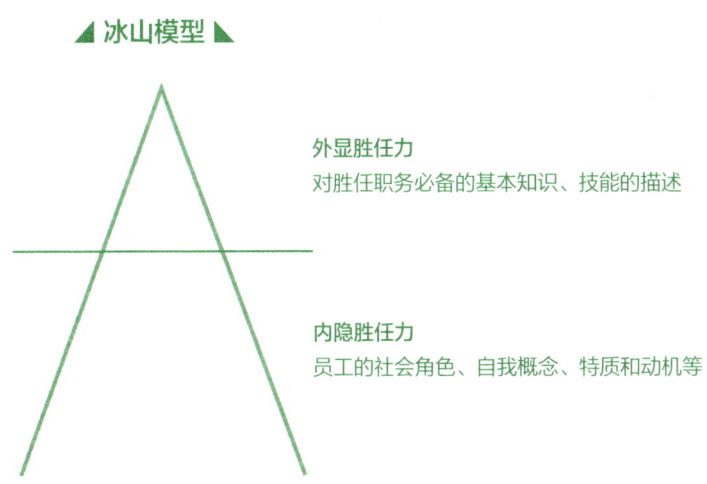

▲冰山模型▲

外显胜任力
对胜任职务必备的基本知识、技能的描述

内隐胜任力
员工的社会角色、自我概念、特质和动机等

外显胜任力和内隐胜任力都很重要

外显胜任力,一般包括知识和技能两个方面。是个体在工作和学习中表现出来的基本能力,是能够直接应用于实际操作的部分。例如：这个岗位需要员工具备打字技能、编程技能等。

内隐胜任力主要包括动机、特质、自我概念等。内隐胜任力是个体行为的内在驱动力，它决定了个体在面对各种情况时的行为选择和努力程度，对个体能否在工作中取得卓越成就起着关键作用。

一样的训练内容、一样的要求，为什么在不同员工身上，有时会产生截然不同的结果呢？关键就在于每个人的内隐胜任力不同！

相较于外显胜任力，内隐胜任力不易被直接观察和测量。经常会被误认为是跟业务比较不相关的、非必要了解的内容。殊不知，一个人承担的责任越大，面对的压力也越大，这时候其实需要外显胜任力和内隐胜任力互相搭配。

过硬的外显胜任力匹配良好的情绪管理、压力管理、弹性适应、跨部门沟通等内隐胜任力，就能帮助整个团队，发挥出更好的合作效果。

就像有时候许多员工提出的问题，并不是浅层的问题，而是：

- 内在期待被理解
- 想要找到成就感的渴望

如果主管只从公司制度层面、技能精进的角度去回应员工，可能会形成单向的沟通状况。这也是为什么会出现主管觉得自己已经在很努力地沟通了,还会出现员工听不懂、教不会的情况。

主管更应该学会发现员工的内隐胜任力

也许还有些主管认为,压力太大,扛起来就好,大家都是这样一路"打落牙齿和血吞"撑过来的!不过,每个人的成长心路历程各不相同,有多少类人就有多少种人生。

主管认为这是理所当然的事情,员工可能不这么认为。

加上员工可能刚从学校毕业,或是工作资历还浅。他们在学校时遇到的最大的压力,也就是按时完成学校的小组作业;曾经做过的项目,也只是通宵赶出的一份报告。我们没有教过对方的事情,就不能预设对方应该会懂,不然沟通时鸡同鸭讲,增加沟通成本的情况,就会不断地发生。

通常主管在面试阶段就可以掌握一名员工的外显胜任力,一个员工如果不具有与执行工作相关的技能,可能不会被挑选接手这项工作。

而跟外显胜任力一样重要的内隐胜任力,却不一定能在员工求职时就被主管发现,主管需要在员工开展工作的过程中,通过关心、辅导、引导的方式,才能发现并让员工发挥其内隐胜任力。通过阅读本书,希望能让主管们了解内隐胜任力的重要性,进而让主管们重视并学会发现员工的内隐胜任力,提升员工的工作表现。

从管事到带人，主管应该这样做

怎样通过运用外显胜任力和内隐胜任力来提高员工的业绩呢？

主管首先要"管事"，这时候主管能够做到的是：清楚明了地告诉员工要做什么、怎么做。其次，了解员工的外显胜任力是否可以完成这个任务，这种对"事"的外部定义以及对员工的外显胜任力的了解非常重要。

最后，如果要带人带"心"，主管们也要观察员工的内隐胜任力，包括：

- 他的个人特质是什么？
- 他擅长做什么？
- 他对什么事情更愿意主动投入时间？
- 他的成就感的来源是什么？
- 他喜欢自己工作，还是跟团队成员一起工作？

主管可以试试问自己，是否可以回答上述这些和员工有关的问题呢？平常自己是否真的在观察、了解员工的内隐胜任力是什么呢?

如果上述问题对我们来说有点陌生,有什么方法可以让我们观察、了解员工的内隐胜任力是什么呢?

了解员工的内隐胜任力,需要练习认识"人",因为事情是人在做。在这本书中,我会以各种角度,向主管提供观察与了解员工内隐胜任力的方法。主管越了解并掌握员工的内隐胜任力,越能用省力、有效的方式,协助员工一起达成工作目标。

建议主管可以通过以下两种方式,增加对员工内在需求的认识。

一、观察员工如何处理"日常任务"

从观察员工处理日常任务与应对人际关系的风格和表现,可以了解员工如何判断事情、什么事情容易刺激或激励员工、员工如何做出决策、如何推进项目进度。了解这些,能够帮助主管预测员工在工作中遇到的瓶颈,能提早判断潜在的风险。

二、建立除上下级关系外的"非正式关系"

主管可以了解员工的成长背景、兴趣爱好等。例如居家办公期间,大家在开线上视频会议时,员工的父母、小孩不小心闯入了镜头。这时候主管就可以闲聊两句,关心一下员工父母的状况,或是分享一下育儿的经验……这些话题都可以有效地拉近主管与员工的距离,经营除上下级关系之外的非正式关系。

在本书开头举了一些例子,让我们看一下,在这些情况下,员工需要做的以及更深层次的原因是什么:

事例	需要做的	更深层次的原因
找方法"逼"他们把业绩交出来就好了	拼业绩	团队没干劲
员工不受教,说了还被嫌弃	员工还需要学会某些技能	员工做这件事没有动机
一天到晚向主管要时间、要人手、要资源,要他们扛任务时,却推三阻四	员工能力不足,需要帮助	员工缺乏成就感、积极性

对年轻的员工来说,换工作的成本相对要低很多,但是对一个企业来说,在一个主管、员工身上花费的直接、间接的培养成本是非常高的。

主管们当然希望在工作中,能够在协助员工积累经验的同时也能让自己一步一步与员工建立更好的联系,协助员工在工作中有更好的发挥,而不是产生问题的时候,主管和员工被动去应对。

当主管总是要花些时间在员工身上的。你想把时间花在事前辅导上,还是花在事后补救上呢?知己知彼,利用好员工的外显胜任力和内隐胜任力,才能发挥团队成员最大的战斗力!

1-2 什么样的员工需要主管辅导？

业绩优秀的员工突然业绩垫底

陈小姐加入保险行业不过 5 年，在踏入这个行业以前，她是一位培训机构的人员。之前完全没有销售经验的她，认为保险行业的销售人员开展业务的方法，就是对客户死缠烂打，没有任何专业性可言。当结束在培训机构的工作后，她在家里无所事事了一阵子，之后就被她的业务主管招进了公司。主管跟她说："你就来试试看嘛，说不定你会很喜欢这份工作呢！"平日她就喜欢跟人互动，在主管不断地鼓励下，她就答应加入了主管的团队试试看。

进入保险行业后，喜欢和人沟通的她，做销售这份工作简直是如鱼得水。她告诉自己，绝对不能成为一个只拉关系，不为客户考虑的业务人员。她希望能和客户像朋友一样相处，考虑客户的情况与需要，为客户提供专业的服务规划。因此，她朝着自己心中的样子努力，短短时间，她就成为保险行业的"百万圆桌"

成员，并且蝉联3年。

她的主管完全授权给她，对她百分百的信任，她也大展身手。因此她无法理解其他人开展业务会遇到瓶颈的情况，对她来说，做业务哪有什么难的，业务不好开展，肯定都是借口而已！她为了自己的信念，也为了帮助信任自己的客户做好风险规划，日夜努力，她能感受到工作带来的荣誉感，也享受着工作带来的成就感。

但是，就在半年前，一切都变了，她好像突然间不会做业务了，业绩垫底了3个月以后，她进公司时甚至都感觉到同事对待她的眼光冷冷的。虽然同事对她还是一样地关心，也不断询问她是否需要帮助，但是这些举动，对陈小姐来说都是一种沉重的压力。

"以前都是我帮他们，有时候整组业绩不够，还是我出手帮大家完成业绩，现在怎么可能还要靠别人帮我，太丢脸了。"于是，陈小姐一上班就开始头痛，上班上到一半就肚子痛，吃也吃不下，甚至晚上想到隔天要上班，半夜就会惊醒、盗汗，也开始出现了失眠的症状。

来咨询我的时候，陈小姐已经失眠了两个多月，依照她的说法，她每天晚上几乎只浅浅地睡一两个小时，睡觉时不断惊醒。出门有时还会恍神，找不到回家的路，有时候想到工作还会不受控地哭起来。她的先生觉得这样下去不是办法，才强迫她来找我。

关注员工的 4 个阶段的业绩表现变化

我们可以用一个图,来看看员工业绩的变化。

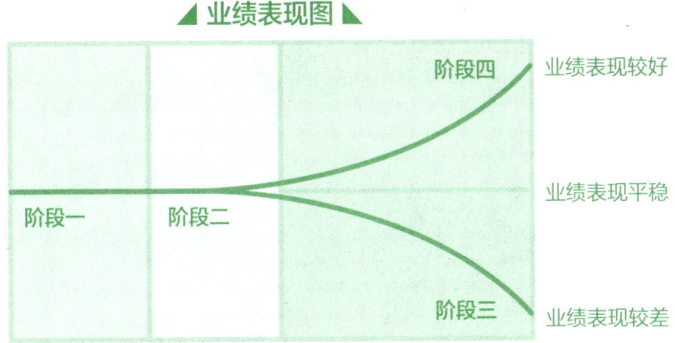
▲ 业绩表现图 ▲

从上图中可知:

- 处于阶段一的员工,业绩表现平稳。
- 处于阶段二的员工,业绩表现开始出现变化。
- 处于阶段三的员工,业绩表现开始下滑。
- 处于阶段四的员工,业绩表现持续提升。

你认为陈小姐处于哪个阶段?请动动笔,在上图里,把你认为她所处的阶段勾起来。

我们把这个答案放一下,先看一个结论:

一名员工在团队中,如果他的内隐胜任力能够被理解,他的行为动机将更能够被有效触发，形成正向循环，从而带动好的工作表现。

美国心理学家亚伯拉罕·马斯洛，在1943年发表的《人类动机理论》中，提出需求层次理论，该理论将人的需求分为5个层级，分别是：

- 生理需求
- 安全需求
- 社交需求
- 尊重需求
- 自我实现需求

心理学家查尔斯·麦克德米德，在1960年发表的文章《金钱如何激励人》中，使用金字塔来诠释马斯洛需求层次理论，从"以最低成本产生最大激励"的角度，让主管对照员工所属需求层次，来对薪资与福利方案等做出一系列的合理调整。

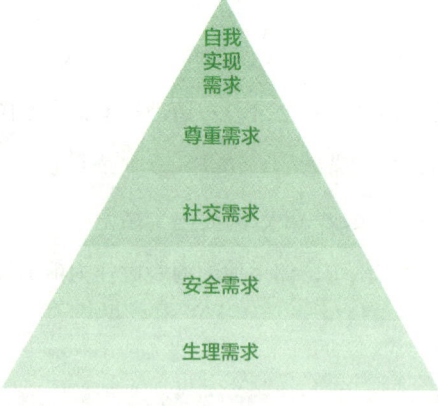

自我实现需求	指个体追求发挥自身潜能、实现个人理想和人生价值的需求，是个体成长和发展的终极目标。包括潜能发挥、理想实现、创造力表达、自我成长等的需求
尊重需求	个体追求自身价值的认可和尊重，包括对自我价值的肯定和来自他人的尊重。包括成就需求、地位需求等
社交需求	生理需要和安全需要满足后，个体开始渴望与他人建立情感联系，融入群体，获得归属感和爱的体验。包括对亲情、友情、爱情、社会交往的需求
安全需求	在生理需要得到基本满足后，个体开始追求自身安全、稳定和免受威胁的需求，包括对身体安全、经济安全、环境安全和心理安全的需求
生理需求	生理需要是人类生存最基本、最原始的需求，是推动人类行动的首要动力。包含对食物、水、空气、睡眠等的需求

认知心理学博士斯科特·巴里·考夫曼在《巅峰心态》一书中，提出帆船理论，这一理论对马斯洛需求层次理论做了全新的演绎。他认为人生像是在大海中航行，在航行的过程中，需要一艘稳固的帆船，才能帮助我们闯过各种挑战，迎接机遇。

这艘船是由安全保障（船身）与成长（风帆）两部分组成。通过"安全需求""情感连接需求"与"自尊需求"，打造出能够支撑往前航行的稳固船身，并借由"探索需求""爱的需求""目标需求"的风帆，带领这艘船驶向目标。

马斯洛晚年提出，人最终的追求并不是"自我实现"，而是能够持续地"超越"。他认为，自我实现虽然是人类需求层次中的较高层次，但当人们达到自我实现的阶段后，还会有更高的追求，即超越自我，达到一种与更宏大的存在、与宇宙相融合的境界。在斯科特·巴里·考夫曼的帆船图中，用天空的海鸥来代表持续的"超越"。

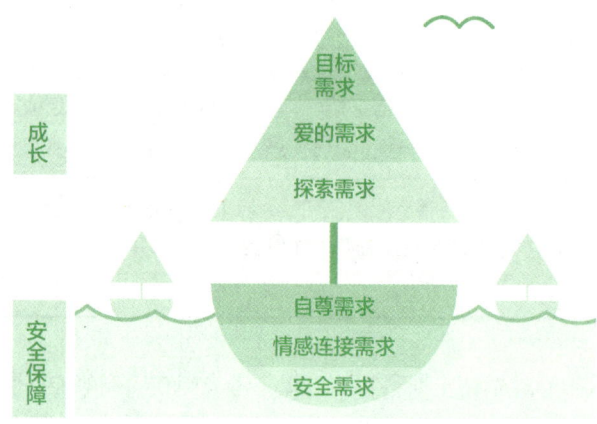

成长	目标需求	目标帮助人们了解生命中真正想追求的，以及人生的意义，帮助人们分辨生活中各种事务的重要性。为了达成目标，人们愿意暂时牺牲短时间的快乐，持续付出努力，并享受达到目标后的喜悦
	爱的需求	超越了"被爱"的需求，强调"爱别人"的能力。这种爱不仅是对人的，也包括对事物的热爱，如对音乐或艺术的热爱

续表

成长	探索需求	代表着人们对新奇事物和富有挑战的事情的渴望。人们会更加全神贯注地去探索周围的世界,激发探索欲可以有效减少焦虑,增强幸福感
安全保障	自尊需求	强调自信和自我价值的重要性
安全保障	情感连接需求	无论是儿童还是成年人,都需要适当的情感连接和社会交往,如归属感、与他人的亲密关系、友谊等
安全保障	安全需求	不仅包括生理需求,还包括心理上的安全感的需求

陈小姐在短时间内就成为"百万圆桌"会员,说明陈小姐有她独到的业务开展方法。若是从上述的需求理论来看,陈小姐对自己很有信心,也喜欢跟客户、同事产生连接,所以她的这艘船是很稳固的。她愿意用开放的心态,了解客户的状况,倾听对方的需要,再推己及人地提出对客户有益的方案,一步步地完成自己的目标。

热忱助人又战斗力满满的陈小姐,想必你也会认为她是优秀的员工吧!身为主管,你认为这样的优秀员工,需要辅导吗?陈小姐从业绩名列前茅的员工,短时间内变为业绩垫底的员工,身为主管的你,会在什么阶段去判断她的状况,从而给予她协助呢?

主管在员工的每个阶段都要辅导员工

还记得前面我提出的问题,陈小姐的状况处于哪个阶段吗?她从业绩名列前茅的员工,瞬间成为业绩垫底的员工,我们可以判断,她目前处在阶段三。下一个问题是,身为主管的你,会在什么阶段去判断她的状况,给予员工协助呢?

要回答这个提问,你先回答哪个阶段的员工需要接受辅导:

- 业绩表现平稳的员工?
- 业绩表现开始出现变化的员工?
- 业绩表现开始下滑的员工?
- 业绩表现持续提升的员工?

答案是,处于以上每个阶段的员工都需要接受辅导。

员工辅导,其实就是一种加深主管与员工关系的方法,你要先懂得他,才会高效地协助他。

要懂得他就要先跟他有"关系"。关系怎么来呢?要从日常对员工的"关心"开始。

表现平稳的员工,虽然在工作中没有特别亮眼夺目的表现,也规规矩矩没犯下什么大错误。在员工表现平稳的时期,正是主管了解他,跟他建立关系的好时候。例如:你知道他喜欢什么运动吗?假期他喜欢做什么?他的星座、血型是什么?他喜欢吃辣吗？跟他关系好的同事有哪些？在哪些事情上他的表现特别稳定，让人放心？

辅导并不是对表现不好或做错事情的员工的惩罚，而是代表着主管的关心。

通过日常观察，主管会慢慢发现，每个员工都有他的亮点，有些员工创意十足，但可能在平日的工作中表现不出来。有些员工性子急，做事效率高，但是总要找人再帮他把关。主管要把注意力放在员工的日常表现上，而不只是员工最后的业绩表现上。平时主管多多了解员工，才能提早觉察员工现在的行为反应，是不是在他一般的表现水平标准上。

这样，当员工开始出现业绩变化的迹象时，主管才能灵敏地在第一时间觉察这样的变化。在一切正常时协助员工稳定提升业绩，在员工的业绩刚开始下滑时，就能及时提醒与协助对方。

员工业绩出现问题，绝不只是他能力不够这一个原因

我们一起用帆船图，来检视一下陈小姐的状况。她在阶段三的状态下维持了几个月，构成安全感的船身部分，看起来呈现很不稳定的状况。

陈小姐		
成长	目标需求	失去方向感,持续努力但未能改善并达成目标
	爱的需求	比起过去,现在无法对他人表达关怀,也无法客观地接受他人的关心
	探索需求	比起过去,现在防备心增加,无法从别人身上学到新的方法,或客观听取他人的意见
安全保障	自尊需求	对自己的技术、能力充满疑问,失去自信心
	情感连接需求	人际关系变得较为退缩,不太常与同事互动
	安全需求	长期失眠,注意力不佳。业绩未达标,收入也受到影响

陈小姐原本属于阶段四业绩表现杰出的员工。但半年前业绩开始陡降,变成阶段三,成为业绩表现较差的员工。身为主管,我们当然会关心员工业绩表现前后的变化,陈小姐的主管也是如此。

当陈小姐的业绩开始下滑时,主管认为,陈小姐给自己施加了比较大的压力,所以让她不用管业绩,先休息两个月。结果陈小姐业绩一路垫底，开始对自己失去信心，担心同事的眼光，甚至害怕上班。

身为主管，我们还可以怎么做呢？我们用帆船图整理一下陈小姐的状况，就能发现她的症结所在。

当我们已经发现员工的现状不佳时，我们首先需要找到一个让员工会有感触的切入点，让员工能够建立起自信心。

这时，主管平日对员工的关怀，就会帮助主管在协助员工的过程中，得到更多有效的切入点。掌握员工正常表现、异常表现的原因，做出相应的评估。

例如，主管在这时可以跟陈小姐多讨论一下，她过去遇到压力时的解压方式是什么；讨论该方式对现在的状况是否有效，是什么造成了她现在的改变；目前家人对她的状况了解的程度有多少，是如何提供关心与支持的……

平常多多观察、询问，主动掌握员工外显胜任力与内隐胜任力的情况，才能在员工需要帮助的时候及时出手。实时用员工能够感知的方式，协助员工，这样既帮助了员工，也不会让组织整体的战斗能力受到太大的影响。

除了看到直观的结果是从百万业绩到业绩垫底的情况，我们也要协助陈小姐找到产生这个结果的隐性原因。这些改变是她的负面情绪累积的原因？生理原因？或是外在的负面刺激原因？我们后面还会继续呈现，陈小姐从谷底翻身、重回之前的工作状态的历程。

复习一下，在这一节中，我们试着运用业绩表现图，辨认部门员工的工作状况。也了解了马斯洛的需求层次理论以及斯科特·巴里·考夫曼的帆船理论。并结合陈小姐的案例，进行了练习与说明。

现在，请你拿起纸笔，花两分钟的时间，尝试用帆船图来分析一下部门员工的状况。也请在每个员工的帆船图旁边写下，从需求层次理论或是帆船理论中学习到的可以用来和员工建立关系的3个方法。

所有的员工，都需要主管的关怀。你刚刚写的，很可能就是你和员工可以产生连接的切入点。具体怎么做呢？在下一节，我们将一起展开这张走进员工心理的地图，继续进行深入的探究。

1-3 领导员工的心理地图

从主管到人才顾问的感悟

在我 20 多岁的时候,我带领着由工程师、策划人员、美工人员、外包厂商、学者专家等成员组成的研发团队,每年生产研发多条全新产品线。从教学数据库的建立到个人化在线学习系统、单机版学习系统、网络版备课系统、测验与诊断等系统的完善,再到参展……20 多年前,我要一边做研发一边做市场化的教育训练,需要企业的大力支持与不同的部门的伙伴的支持。

那时候的我,直接负责部门的各项 KPI(关键绩效指标),那时候的我年轻、性子急,紧盯着目标、严格按照时间节点推进各个项目的进展。随着部门人数变多、任务变多,我跟部门同事都在不知不觉间,成为一个个只为了完成任务而存在的最小"单位",而不是作为一个独立的人的个体化存在。

这样的工作方式,短时间看似卓有成效,但对重视人力资源发展的公司来说,反而是人力资源发展的瓶颈。

虽然知道是瓶颈，但其实这样追求业绩、追求效率的情况，在各个公司都是常见的。

在过去的10多年里，我开始用不同的角色去协助一线的员工与主管完成业绩，现在我的角色已经转换成帮助员工、主管完成个人职业成长的顾问。

这些经验，成为我写这本书的底气。

主管不只要会管事，更要会带人

一个主管如何定义"人才"？可能这个定义中包含了员工认同公司文化、有较强的工作能力、敬业的工作精神、顺畅的表达能力、良好的职业操守、做事有理有据、能自我管理也能团队协作……但是，这样的人才去哪里找？

我们会被提拔为主管，通常是因为某个特定的能力被上司看见。但是自己做事和带人是不同的。职场中的领导能力，是每个主管都需要有意识去锻炼的能力。

也许你被指派成立新部门，或是轮调接手新的业务，又或者你被赋予提高员工业绩的任务，这都代表你在工作中，必须懂得帮助员工去成长，从而让成长了的员工配合你完成你的既定目标。

我们必须接受一个现实，完美的人才不可得。

有的人可能创意十足但是缺乏团队精神；有的人十分理性却难以沟通；有的人工作态度良好但缺乏工作能力。或者，好不容易培养出难得的英才，想提拔他时他却说："工作只是我生活中的一小部分"，从而婉拒承担更大的责任……这些，都不禁让我们思考：人才、人才，怎么管理才能够让人变成人才？

我们看重员工的表现，重视工作的结果，因此施展出十八般武艺，从步步紧盯到软硬兼施，但员工好的工作状态只维持了两个月，就又回到了之前差的工作状态了，最后我们不得不给员工一个绩效改进计划，期望他面对现实，彻底从谷底反弹。

到底，什么样的领导方式，能够让我们带人更高效，让员工有更好的业绩表现？这本书就能针对这些问题给出方法。

员工想的跟主管不一样

俗话说，"带人、带心"。不懂得员工的心，就会变成主管说自己的想法，员工照自己理解的去做，等最后看到结果不理想再来追究原因、再来改善方法。凡此种种都会让公司的用人成本、部门投入的成本变高，甚至也会影响员工个人或是部门整体的业绩。

员工跟主管想的不一样，主管如果愿意了解员工，才有机会用适合这个员工的方法，获得员工的认同，让团队有凝聚力，让团队中的每个人都能认识到自己工作的价值、发挥长处，彼此带动，让整个团队成为一个成长型的团队。

我们常说冰山一角，冰山露出水面的比例，往往只占冰山整体的10%～15%，另外的部分是潜藏在水面下的。水面上呈现的冰山，就像是员工外显的行为。如果主管不会辨认员工的行为，我们很可能只会用到他能力的极少部分。当我们可以探索更多，了解员工更多的信息的时候，我们才能了解员工内在的潜能。

但是，主管面临的任务太多了。大多数主管面对一个新任务，先是分解目标，然后分派工作给员工，之后通过要求、要求、再要求的方式，紧盯着员工完成相对应的工作。

只是承接任务，却不明白任务的重要性的员工，可能会出现以下几种状况。

- 能力不足的员工：

☆面对任务时的第一反应可能是心里慌乱，派到什么活儿就做什么活儿，而不是先进行逻辑上的思考，判断关键节点，理顺优先顺序，再展开工作。

☆项目稀里糊涂地完成，也不太能清晰地知道成功的原因。

☆如果项目失败，可能默默地吸取教训，但不知道要如何改进。

☆最后就产生无力、无法、无效、无用、无能的感觉，在工作中没成就感。

☆业绩持续不达标的员工，慢慢朝向主动离职或被辞退的状况呈负向循环。

- 能力不错的员工：

☆依靠他们的经验判断，不需要用太多力气就能完成任务，也不需要再思考能否进行某些方面的改善。

- 能力超强的员工：

☆完成了任务，并提出了自己的想法和改善的方法，想法被采纳后，后续的改善方法的实施任务往往就变成这名员工的事。

☆任务圆满完成，但是员工没有得到额外的奖励，长此以往，员工当然就不说、不提，看主管"表演"，不给自己找"麻烦"了。

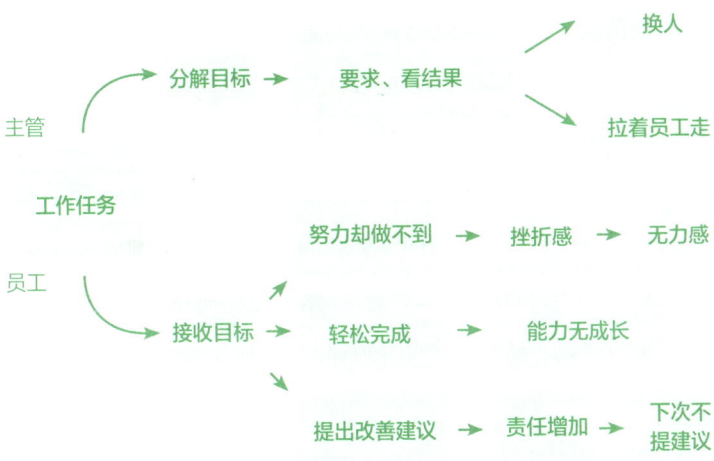

在上述的情况中，公司没办法获得人力充分发挥的红利，反

而收到的是不同职务、部门的员工相互消耗的作用力,实在可惜。

了解员工在意什么,他想在工作中达成的目标是什么,他的能力在哪里,他的压力在哪里,了解这些,通过沟通,最终采用更恰当的方式让员工了解主管的想法。

有些年轻的主管,因为和员工的年纪相差不大,还会刻意拉开自己和员工间的距离,避免大老板说自己偏袒某个员工;有些主管就退回到"那就单纯交代任务就好啦"的状态。结果把员工一个个变成标准化的"工具人",不但大家没有成就感,主管因为无法及时觉察员工的瓶颈,所以要不断地在各个任务中救火,彼此都累得半死。或是主管事事以身作则、事事往前冲,而员工很闲,工作重任都落在主管身上。

这些情况,都是企业用人时容易遇到的问题。当主管用合作伙伴的心态处理问题时,不但能够让自己的格局和视野从当下之事中跳出,也能够使自己心态放平,将团队成员视为一起完成任务的伙伴,避免出现一个人压力过大的情况。这种心态也会帮助自己表现得更好,能让部门同事更好地发挥自己的潜能。

但是,具体的做法是什么呢?根据我之前辅导主管以及员工成功成长的经验,具体做法可分为:

- 建立关系
- 澄清问题
- 展开行动

第一章 与员工一起成长的主管领导学

● 正向反馈

以上4点,搭配各个步骤的执行方式与重点,通过案例的描述,加上心理学、管理学相关理论的支撑,以及在实际中的具体操作,让以上4点不只是概念,而是可以执行的具体指导。在本节中,我也会就实务经验中常见的盲点进行说明,希望可以让大家练习时更顺利、更有信心。

本书的第1章,我们谈的是员工这个人,以及为什么需要了解他的内在,了解后会有什么样的好处。

本书第2章,我们从建立关系开始,一步步地展开了解员工的步骤。我们先聚焦在主管身上,分别认识主管的5种权力以及3种不同的角色,并运用案例分析逐步与员工建立信任的方法、怎么去关心员工、使沟通变成双向的沟通(语言、非语言信息),以及要使用什么样的沟通原则传递对员工的关怀。当主管跟员工建立信任时,才能对员工进行实时有效的评估。

第3章进入澄清问题阶段,在这一阶段我希望可以协助主管与员工,不仅能进行良好的沟通,也能让主管带动员工实现能力成长。通过情境引导、冰山理论、风险评估来使主管使用合适的领导方式,并且探讨当员工遇到卡住了、工作进行不下去的情况时,分析是缺乏工作意愿,还是能力不足,从而协助员工制订更好的工作计划。

第4章从找到员工的内在驱动力开始,我们从新世代员工的差异谈起,他们在意的点是什么,找出他们过去的成功经验,运用 STAR 法则、GROW 模式、目标刻度等工具,把他们内在的感受转化为外在行为。

第 5 章通过正向反馈、聚焦有效的行动方案,一步步建构成长型的工作流程。通过主管、员工的互相带动,形成员工在职场上正向的成长循环。

每一章节,我都会通过案例带入议题,并加入理论进行说明,再结合案例进行行之有效的方法的步骤拆解。

在书中,也会有练习与指导。随着每个章节的推进,我希望其内容能够帮助主管不仅了解员工的内心,还能知道如何运用沟通力、领导技巧,建立兼顾业绩管理与人才辅导的成长型团队。

1-4 读者如何利用这本书？

这本书共分为5章，第1章是总论，带出成长型领导力的4个步骤，并在后续第2章"建立关系"，第3章"澄清问题"，第4章"展开行动"，第5章"正向反馈"中，通过案例带入情境，援引相关的理论，再借由拆解案例的过程，带出领导团队成长的方法。

要特别说明的是，基于职业伦理、对来访人员的尊重还有对来访人员的信息保密，本书所有的案例都是从我挑选出的具有代表性的案例，综合职场的情境，进行多次调整后呈现的。包括来访者从事的行业、工作岗位、年龄、状况描述……都经过改写，并无影射任何公司或是个人的意图。

本书使用大量案例的出发点，是我想通过对人物的呈现，让读者在阅读时可以更细致地了解书中提到的各种情境，并通过对情境的拆解，让读者掌握培养成长型领导力的方法和步骤，并期望读者以后可以将这些方法应用在工作中。

当然，说这么多概念，讲这么多案例，重点是你能否从中学到一两招符合你自己性格的处事方法,并将它们实际运用在你的工作与生活里。是的,我希望你不只能将书中的知识运用在工作中,也希望你可以将这些知识运用在生活中,照顾好自己,让自己好好成长,让自己不仅能好好工作,还能好好生活,灌溉自己,给自己增加正向成长的动能。

这本书,不只是教主管如何更好领导员工的工具书,也是主管帮助自己成长的伙伴,请紧跟成长型领导力的 4 个步骤:

- 跟自己的伙伴建立关系
- 澄清现在遇到的问题
- 找到目标展开第一步行动
- 给出正向反馈

通过这 4 个步骤的循环,持续给自己和他人提供养分与正向反馈,支持自己与他人的成长。

建议你从以下 3 个方面,使用本书。

1. 在工作层面上利用这本书

建议你可以先列出自己在担任主管时遇到的问题,然后快速地读本书,对成长型领导力建立起一个框架概念。接着,可以参照自己刚刚列出的疑问,看看书中列出的案例,找出和你列出的问题一致的案例。

这个时候,建议你不要一口气看完本书。而是仔细看和你问题一致的案例,可以用换位思考的方式,想一想员工的想法、困境。并借鉴书中的案例采取的解决方法,思考看看哪些方法会对你有益。

人生不是只有单一答案的是非题,而是有开放答案的大题。书中的案例所描述的,只是无数种情况中的一种,对待不同的员工、面对员工的不同状态,我们要找的是正向解、多元解,而不是唯一解。

展开行动后,我们也要尽量帮助员工获得成功,维持他的良好的工作状态,让员工在这个探索的过程中积累正向成长的经验,并及时向员工反馈他的成长,认同员工的成长,让团队中的伙伴彼此带动,形成正向螺旋式的成长模式。

2. 在生活层面上利用这本书

建议你可以用不同的视角,审视自己现在的状况,如果有想要改善的念头,你想要在什么地方产生改变呢?生活不只是拼命工作,生涯也不只是职业生涯。现在工作时间所占的比例,是你喜欢的吗?你希望自己 5 年后、10 年后的生活是什么样子?

运用书中的各种工具，了解自己的方向、设定好第一个小目标、找到相关的成功经验，为自己加油，迈开成长的步伐。

3. 从个案启发的角度读好这本书

或者，也不用想这么多，就单纯将本书当成一本故事书，体会各个篇章中来访者的喜怒哀乐以及他们成长的经验，然后思考一下自己面对这些状况时会有什么样的做法，带着轻松的心情阅读，相信你也会有一份自己的收获。

现在，就让我们踏上阅读这本书的旅程吧！

2

建立关系

2-1
主管如何帮助员工自我觉察？

主管说的，员工其实不一定听得懂

一踏进会谈室，小华就让我感觉有点特别。他的眼神犀利，细细打量着我，似乎随时要抓住我的话回呛我一番。将近30岁的他，几经努力、过关斩将，才进入这家企业担任技术人员。照理说，努力达成目标应该是很开心的事。但才报到3个月的他，来到会谈室时带着满腔的不平与抱怨。

"你知道吗，公司派了前辈来带我。但是我这个前辈也管得太多了，他居然连我9点05分在吃早餐都要管，他觉得他是我爸爸吗？我爸爸都没管我这么多。其他人也在这个时间吃早餐，为什么我不行？不管什么事情，他就当着大家的面指责我的不是，我去哪里都要跟他报备，是把我当成小孩在管吗？

"他还会偷听我跟客户的电话，我一挂断电话他就立刻用手指头敲着隔板，大声地说：'你不能这么说，客户讲需求会讲那么久吗？就是因为你误会了客户的意思，应该要这样讲……'

"我觉得他这样也太过头了！他滥用权力吧？我有种随时都在被监控的感觉，听他讲话让人超不爽的！他不过仗着工作年头比我多几年，就可以这样把人看扁吗？他真以为自己什么都是对的吗？

"还有我的主管，什么事都不干，每天就在公司各部门串门子，无所事事。公司要求业绩的时候，她就会说，'你年轻，朋友多，号召一下，请你朋友帮忙订一点。'我跟她说我的朋友不需要这个，她还听不懂，跟我说，'那你也可以自己买一点哪！'

"这是个主管该有的样子吗？她的业绩关我什么事，她的要求跟我的工作内容有关系吗？因为她是我的主管，所以我就要在这件事上配合她吗？

"我在考虑我是不是要离职，如果不离职那我就要跟上头申诉，主管不敬业、压榨员工，前辈不尊重新人、不会教新人。在这种环境里，我真的做不下去啦！"

听到上面的描述，你觉得，这个员工的问题出在哪里呢？如果你是小华的主管，听到员工提出的观点，要怎么思考这个状况呢？

在本书中，我们希望能通过主管的领导力，协助员工发挥潜能，并提升员工个人与部门的整体业绩。主管有哪些方法，能够达到协助员工让其发挥自身潜能、进一步提升业绩的目标呢？

主管可以运用的 5 大权力

美国学者约翰·弗伦奇以及伯特伦·雷文在 1959 年提出了权力的 5 种基础类型，分别是合法权力、强制权力、奖赏权力、专家权力、参照权力。这 5 种基础类型，经常被应用在企业。

在企业中，主管的权力可以大略分成两类：

● 第一类来自主管担任的职位，称为职位权力（Position Power）。

● 第二类来自主管的个人特质，称为个人权力（Personal Power）。

职位权力包括合法权力、强制权力、奖赏权力 3 种。通常是公司赋予主管的权力。

● 合法权力（Legitimate Power）
由组织指派，主管具备赋予这个职位所特有的正式权力。

● 强制权力（Coercive Power）
主管拥有口头告诫、记过、停职、解雇等惩处权力。

- 奖赏权力（Reward Power）

包括奖励员工、给员工加薪，或是分配年终奖金等有偿事务的权力。

如果主管只使用职位赋予的合法权力，重视结果而不重视过程，员工的努力不容易被看见，员工的满意度也会比较低。久而久之，员工只想做主管交办的事情，用主管喜欢的方法做事，只会被动地配合主管。

如果主管只用强制权力跟奖赏权力呢？只有"大棒"，容易造成主管与员工关系紧张，甚至产生劳资争议。就算想用"萝卜"，也需要了解员工喜欢哪种"萝卜"，找到员工的内在驱动力。

主管其实还拥有"个人权力"：专家权力和参照权力。二者是通过主管的个人特质与能力来发挥影响力。

- 专家权力（Expert Power）

基于个人的专业知识、技能或经验而获得的权力。

- 参照权力（Referent Power）

源于他人对个体的认同、尊重和敬仰。具有参照权力的人通常具有独特的人格魅力、价值观或榜样作用，能够吸引他人自愿追随。

主管运用专家权力、参照权力时，员工接受度高且对员工影响力大，能够产生更好的领导效果。

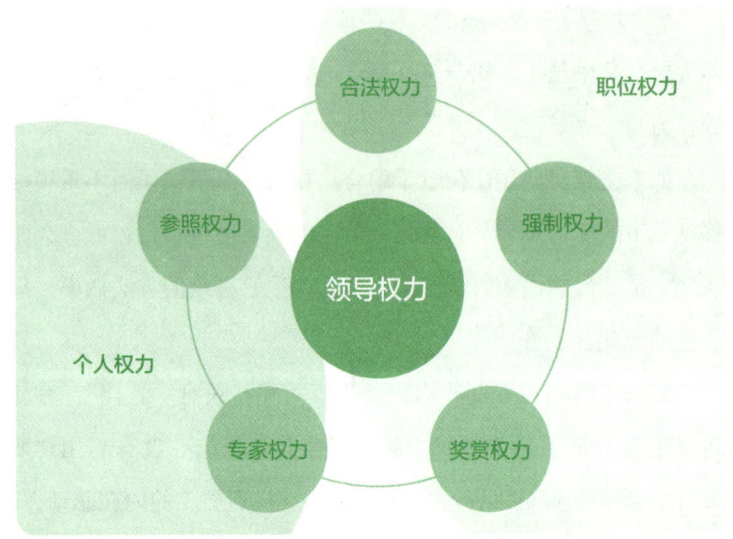

▲ 主管可运用的 5 大权力 ▲

主管要和员工建立关系，而不是给员工贴标签

以前有人用"草莓族"来形容抗压能力弱的员工。后来又有"水蜜桃族"，形容一碰就受伤的新世代。再后来甚至用"冰块族"这样的词来形容看起来坚强，但不用碰撞就会自行融化的员工。这些词让人觉得员工们的心灵变得越来越脆弱。

然而，上述的各种"族"，都是对员工进行的一种标签式的分类。

一旦我们将员工的行为表现归入某种特定类型，可能会让我们陷入固定思维模式而错过了好好认识这个员工的机会。

每个人都有像草莓、水蜜桃那样柔软的一面，也会有像冰块那样坚毅的一面。主管要善于使用前文说的5种权力，在工作中促进员工的自我觉察，这样才能有效领导员工，发挥他们的潜能，增进员工对团队、对企业的认同感，提高他们的投入感，进而提高业绩。

在小华的描述中，主管什么事都不管，每天就在公司的各部门之间聊天，无所事事。公司要求业绩的时候，主管提出动用小华自己的人脉的方法，也造成小华情绪的反弹。以他的眼光看待主管，主管有职位权力中的合法权力，其他四项权力相对来说比较弱，因此这个主管也比较难让小华觉得信服，小华也没有动机去配合主管的工作。

从小华的角度来看前辈，因为在组织层级中，前辈跟小华都是同级员工，不是给小华进行绩效考核的人，不具有职位权力中的合法权力。这位前辈只能发挥个人权力，但因为表达方式引发小华抗拒，没办法将经验有效地传授给他。

当然，我们不是要求主管只站在员工的角度，全盘接收员工的想法，认为员工的想法都是正确的。也不是认为主管不需要听取员工的意见，就直接判断员工的想法是错的。

这种全对或全错的想法，是主管容易掉进的陷阱：直接聚焦于跟员工论断对与错，而忽略了员工会有这样看法的原因。

员工要先被听见，才能开始自我觉察

在建立关系的过程中，我们可以根据员工提到的各种情境，通过有温度的、有同理心的回应，让员工能够感受到一份接纳，建立员工在与我们谈话过程中的安全感。有时在跟员工谈话的过程中，他会对我们的想法提出不同的见解，我们也尊重他的看法，试着从他的角度去看问题，了解他的言语、行为背后的逻辑。

员工从可以安全地表达、被听见与被接受的氛围中，获得一个"被尊重""被接纳"的体验，这种体验可以提高他的自我敞开程度，提升他的自我觉察能力。

在小华的案例中，我是这样和他对话的：

"听起来你很重视被尊重的感觉。你希望你的主管和前辈，可以用平等的方式跟你沟通，让他们也能听你说话，是这样吗？"

"是这样没错，我就是想要一份稳定的收入才来这家公司的呀。主管这样对待新人，你觉得对吗？我为什么要帮她。"

"你感觉很不公平，是吗？遇到不公平的事情，会像个青少年一样去抗议。"我试着挑衅了他一下。果然，小华眼睛瞪大了："你说我是青少年，你是说我很冲动吗？"虽然我心里有所准备，不过小华的激烈反应，还是让我有点吃惊。

"我说你像青少年是形容你的热血，遇到不公平的事情就要说出来。不过听到'青少年'这个词，会让你联想到一种上对下的感觉，是吗？"

"是呀,你看不起我。"小华的表情变得很严肃,他冷冷地看着我。

我眼神很温和地看向小华,诚恳地跟他说:"噢,我明白了,谢谢你告诉我。对我来说'青少年'并不代表不好的意思,我没想到你会有不好的感觉,我很抱歉。你是否相信我对你是没有恶意的呢?"小华很认真地看了我10秒钟,才点了点头说:"我相信。"

"谢谢你愿意信任我,也谢谢你第一时间就让我知道你的感觉,让我有机会更了解你。"小华的眼神慢慢地柔和下来。

"我很好奇,会不会有些时候,你身边的人其实没有这样的意思,但和你交流时,你却产生了误解呢?就像我们刚刚,因为我第一次见到你,所以不明白你在意的是公平。如果你愿意告诉我,我下一次跟你沟通时,会不会更顺利一点呢?"

"有可能,他们想表达的意思跟我想的不一样。"小华的声音开始变小,神情也轻松了点。

"重点是,当别人有机会了解你,你就不需要随时都保持在准备战斗的状态,自己会过得比较开心。慢慢地,也许你会发现有些人是可以信任的,就像你身边那些可以信得过的朋友一样。"小华一边听,一边很慢很慢地点了点头,嘴角微微地上扬了起来。

我们在和他人沟通时,会不会也有这样的误解呢?听到对方表达的意思跟自己的预期不符,也没有向对方核实,就直接把自己的想法,套用在对方身上。

同一个家庭长大的手足，遇到事情都会有不同的反应，更何况企业的员工来自不同的成长背景，有各自不同的经历与喜好。

在公司里，部门里的主管与员工，有时候会像家庭中的父母与小孩的关系，彼此会有期待，希望对方能够给予回应以及对方能够满足自己的期待。例如：主管会对部下有完成任务的期待。员工也会对主管有让自己年年加薪、提供公平的办公氛围、有好的工作机会的期待。

在建立关系的阶段，我们需要帮助员工发展自我觉察能力。他目前的处境，哪些是遇到的"事"的困难，哪些是"人"的思维惯性产生的问题。

主管首先要对自己的反应有高度的觉察

为了有效地与员工建立关系，主管首先要对自己有高度的觉察能力。

艾米是部门的秘书，她平常工作状态不错，工作效率很高，但只要主管叫她放松，她就开始浑身不对劲。她觉得主管在说反话，主管其实是在说她努力得不够，提醒她工作要更勤奋一点。

我听她这么说，很好奇地问她为什么有这样的想法，她说因为部门很大，平常主管会约谈员工，多半都是在谈如何提高业绩、如何制定合理的目标，不会有闲工夫去跟员工聊天或表达关心。

所以她觉得主管这句话意思不单纯。一定是自己哪里做错了。

我很好奇，她听到主管要她放轻松时反而感到浑身不对劲，那她对"放松"的看法是什么呢？她对主管的要她放松的要求联想到了什么？她平时想要放松的时候会怎么做？她又会怎么度过下班时间呢？

用引导式的谈话方式来进行谈话，我们不用帮员工判断他说的是对或是错。

要避免使用"不会啦，你想太多了，他只是想要……"这样的语句，这样的回应方式是在"猜"员工的意思，而不是在提升员工的"自我觉察"。

有时这类的表达，会让员工感受好一点，但并没有办法让员工真正了解自己，我们要做的，是让员工去觉察他们自己为什么会有这样的想法或反应。

帮助员工建立自我觉察，是让我们采用开放式的问题，了解员工的相关经历，鼓励他多做内在的探索。在后续的章节中，我们会进一步探讨如何通过我们的引导，逐步让员工提高对自己的觉察能力。

比如艾米，通过一系列的探索，我们就能发现她其实是个不会放松的人。刚进入职场两年的她，凭借优异的语文成绩进入公司，过去她一直都在追求高分。拿高分容易，放松这种没有一定标准的事情，反而让她慌了手脚。她下班以后，参加了两个读书会：一个中文读书会和一个英文读书会，她常常参加读书会举办的活动、发表演讲，因为她想要提高自己各方面的能力。只要别人提出建议，她就努力按照别人的建议"修正"自己。这份想要追求更好、向上的动力，反而成为一座挡在她面前的高山。当我听到她说："我要开始练习好好生活"时，我看到她的眼睛闪耀着光芒，我觉得来自主管的那句"放轻松"，也开始对她产生了正面提醒的效果。

小华跟艾米，都通过建立自我觉察，找到了理解自己、理解别人的方法。小华不用再时时刻刻处于防卫状态，开始有空间去听别人的想法，用积极的心态跟别人沟通。艾米开始学习放松，允许自己的生活里不是只有工作，自己不需要为了进步，而牺牲了跟家人、朋友相处的时间。

你是不是也发现，主管说话的方式不同，会对员工产生不同的影响呢？

下一次，当我们因为别人的某句话，产生一些想法的时候，不妨也好奇地问问自己，我这个想法从什么地方来的呢？听到这句话，我的身体有哪些感受呢？

通过对自己的好奇与向内探索，我们就一起踏上了跟自己、跟员工建立关系的旅程了！

2-2
如何帮助员工终止负向循环?

当不断加班的问题变成恶性循环

30 岁的皮特刚刚担任项目经理,就接到了这个大家都不想接的跨部门合作的项目。那天晚上 8 点,他风尘仆仆、一脸疲惫、饿着肚子来到我的办公室。说话的时候,仿佛一天的力气都已经用尽了,虚弱不堪……

"顾问,我觉得我总是被事情追着跑,大多数时间都在处理别人丢过来的问题,身为项目经理,我又不能不去回应解决这些问题。可是这样就没有时间去处理我真正应该去处理的事情啊,每天被时间追、追、追,我觉得自己几乎无法掌控工作节奏,就只是在忙着完成各种被丢过来的事情,也没办法深度思考。"

"这样的你很像消防队员!每天忙着灭火。"

"是呀!真是累死了。我只能趁着下班后没有人会找我的时候,饿着肚子继续留在公司,用这些时间处理自己真正应该做的事情。"

"为什么要饿着肚子，怎么不吃点东西再开始工作呢？"

"我就想赶快把事情完成，速战速决不想拖延哪！我试过晚上出去吃完东西回来，休息一下再开始工作，但那个时候没做什么就已经8点多了，这样晚上做不了什么事情啊，还不如撑一下，赶快做，做完赶快回家。我已经这样撑了快1年了，但事情只会越来越多，生活质量下降了，事情也好像永远做不完了！"

"已经持续快1年这样的作息了吗？真是辛苦了。这样的话你的休息时间够吗？"

"很不够，我觉得自己根本没有在休息，我不能停下来！而且我发现我现在就算不吃晚餐，离开公司的时间也是很晚，昨天我离开公司时都已经11点了！我甚至周末的时候，都得去公司加班一天，这样的工作强度也才能勉强赶上工作进度，现在只要一到星期天，想到隔天要上班，就觉得很疲倦。甚至每个星期天晚上，我都开始固定失眠了！"

我眼前的皮特越说越激动，我能感觉到他对工作的高要求，以及一种急切地想把事情做完、做好的渴望。但我同时也感受到，他的这份渴望，已经快要把他的冲劲淹没。但我也为他能及时觉察自己身处的困境而感到庆幸。

正所谓当局者迷，有时候员工自己在问题的迷宫里绕不出来，这时候就需要主管及时觉察，跟员工聊聊，协助员工一起找到他的盲点。

能够对困境及时觉察，其实就是一个非常重要的能力。

主管不只承担主管这 1 种角色，而是身兼 3 种角色

"职场教练"先驱约翰·惠特默在《高绩效教练》中提出，主管在面对员工时，除了是主管这个角色，还有另外两个角色：导师（Mentor）与教练（Coach）。主管所承担的主管、导师、教练这三个角色有着不同的职责和特点：

- 主管角色：主管要根据组织的战略目标和部门的工作重点，制定明确的工作目标和计划，并将任务合理地分配给下属。主管需要对下属的工作进展进行监督和管理，确保工作按照计划顺利进行。主管要负责协调团队内部以及与其他部门之间的关系，确保工作的顺利开展。

- 导师角色：导师角色强调的是"教导"，将职务或完成任务目标所需要的能力与知识，通过口头教学、示范指导传递给员工；根据员工的兴趣、能力和潜力，为他们提供个性化的职业发展建议；要以身作则，展现出积极的工作态度、高度的责任心和良好的职业道德，成为员工学习的榜样。

- 教练角色：教练相信每个人都有尚未被充分挖掘的潜力。主管作为教练，要通过提问、倾听等方式，帮助员工发现自己的优势和潜力，引导他们突破自我限制，挑战更高的目标。主管要评估员工在工作技能、沟通能力、团队协作等方面的不足，然后提供针对性的训练和指导，帮助员工不断提升自己的能力；要引导员工学会独立思考，从不同的角度分析问题，找到解决问题的

最佳方法。

▲ 主管的三顶帽子 ▲

导师角色

主管角色

教练角色

导师	主管	教练
将经验传授给下属	制定明确的工作目标和计划	帮助员工发现优势，找到解决方案

实践成长型领导力的第一个阶段是"建立关系"，主管的第一要务，也就是与员工"建立关系"！

建立关系，建立的不只是公司的上级对下级的直属关系，也有导师带学生的教导关系，更有教练对选手的引导关系。

对应每个不同属性的职位、不同能力的员工与不同的心理状况，主管需要灵活运用这三种角色，让自己在员工处于不同的状态中时，增加领导员工的弹性。

主管如何觉察到员工正在改变？先建立关系

请你再阅读一下前文中的皮特的案例，我们来判断一下皮特处于第几阶段。请你将你的判断标记在下图中，并写出你这样判断的原因。

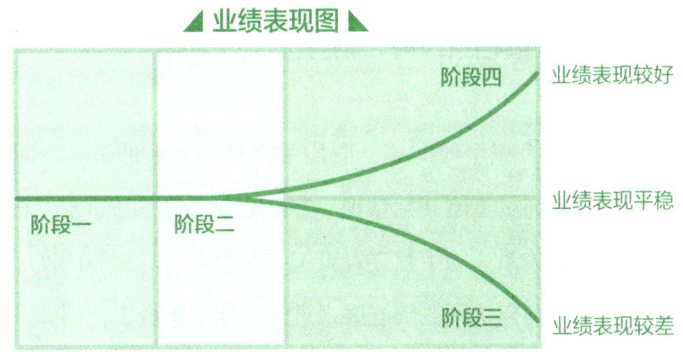

▲业绩表现图▲

从描述中，我们不难发现他处于阶段二的状态，业绩正在发生改变。主管怎样及早觉察皮特的新情况呢？最容易判断员工状态的方法，就是将员工最近一段时间的出勤状态，与过去的出勤情况做个比较。皮特常常都赶最后一班地铁回家、周末又到公司加班，这样的长时间加班状态一定会影响工作状态，使他的生活失去平衡，甚至影响身体健康。

不只是出勤情况，皮特在其他行为表现上也会与平时的表现不同，包括平日与周末的加班时间拉长、工作反应变慢、注意力不集中、错误率提高、情绪管理能力变低、与人沟通时冲突变多、完成指定项目时花费的时间变长等。

要了解员工的这些异常表现，就需要在员工处在阶段一的时候，观察他的表现，累积对员工的了解，跟员工建立互动关系与信任感。

在阶段一，发展相互理解、相互信任的关系

建立关系有三个时间点，阶段一是建立关系的第一个时间点，此时主管与员工刚开始认识，非常适合与员工开始发展相互理解与信任的关系。为了建立对员工"这个人"的理解广度，主管可以通过找到以下问题的答案来进一步地了解员工，例如：

- 他在假日喜欢做什么？兴趣爱好是什么？
- 他与人相处互动的模式是什么？什么状况下他能够侃侃而谈？
- 他是临场反应型选手吗，还是他习惯先做足准备，才能有好的表现？
- 他在办公室里跟谁经常互动？互动模式如何？
- 他家里有哪些人？谁是他情绪的支持者？
- 谁会对他的决策起关键的影响？
- 他的饮食习惯是什么？中午喜欢吃什么？会跟同事出去

吃吗？
- 家里养宠物吗？
- 有没有小孩？小孩多大了？
- 平常做什么事情他会感觉最有动力？他擅长做什么事情？
- 让他有成就感的事情是什么？

相关的问题，还可以不断地列下去……

主管找寻这些问题的答案时，不要抱着去探究员工隐私的心理去找答案，当然也不需要将所有问题列在表格中一条条按照顺序去问员工，而是带着好奇心，通过问不同的问题让自己可以更好地了解员工。

人都希望被尊重、被关心，与员工建立关系的过程，就是调整彼此的过程，也是寻找对方可以有效收到我们关心的方法的过程。

在阶段二，协助员工觉察瓶颈

阶段一建立的相互理解、相互信任的关系，到阶段二就会发挥很重要的作用。阶段二是发展关系的第二个时间点，在这个时间点上，主管需要协助员工觉察其工作中的瓶颈所在。

在主管和员工建立的关系中，主管其实不一定要扮演提供答案的角色，而是通过建立关系，帮助员工自己思考并找到答案。

此时的目标，在于协助员工厘清目前的状况。在这个阶段可以多运用教练的角色，通过引导式的对话，帮助员工觉察自己的瓶颈。这些问题可以是：

- 你觉得，你现在面临的问题有哪些？
- 你觉得，需要哪些资源，可以协助你走出目前的困境？
- 你期待的目标是什么？
- 针对目标你可以采取什么行动？
- 如果要优先解决一个问题，你觉得会是什么？

让我们再回到皮特的案例。

我看着面前还饿着肚子的皮特，他越说越激动，说到激动处，他甚至会用手在膝盖上用力地拍打。

我接着他的话问："你真的觉得，给你 2 倍的工程师、2 倍的时间就能解决你的问题吗？"

皮特突然间停了下来，想了 10 秒钟后，深深地呼了一口气跟我说："老师，我觉得情况可能不会有改变。一旦公司给了我 2 倍的工程师，也会有更多的工作量冒出来，2 倍的时间，代表问题会更加复杂。多给的人手和时间都无法解决我现在的困境。"

"所以，你真正要的是什么呢？"

"我希望可以回家吃晚饭，不用每个周末还要到公司上班，可以有时间照顾女朋友，可以有自己的生活。"

"想要做到这些，要优先解决一样问题，你觉得会是什么？"

"我要学会说'不'！"

"很好，你开始想到要学会说'不'是很重要的，这在工作中代表什么呢？"

"代表我要设定项目的截止时间，不能滥当好人，有时同事虽然下午5点才发新的需求给我，却要求我第二天一早给他结果，这种不合理的、非必要的急件现在太多了，我的时间一直被这些别人丢过来的事情打散，没有整块的时间做自己的事情。"

"很好，现在我们知道了，要设立一个合理的工作时间，至少不要轻易在下班前接受急件，先要厘清别人指派的工作的重要性、合理性再来评估分配给这项工作的时间，这样你加班的情况会好转一点吗？"

"会的，我常常就是太低估协助他人完成工作所花费的时间，饿着肚子想拼一下，想快点搞定他人的事情，再回家吃晚饭，吃完晚饭，接着做自己的项目。结果常常是一直忙这些小事就忙到晚上11点，自己的项目还是没有做！"

"那你的事情要等什么时候做呢？"

"我希望我在上班前，就能够有一整块不被打扰的时间，用这一整块的时间好好思考当天要开始做的事情，甚至可以先动手做一部分。这样会让我有很笃定的感觉，而不是每天一开始就像无头苍蝇似的忙。"

"很好,所以你会有3个重要的动作,设立合理配合他人的时间、晚上早点回家吃饭、第二天提早上班,是这样吗?"

"嗯,听起来正是我要的,我想朝这个方向努力!"

从阶段一到阶段四,持续和员工建立关系

建立关系的第三个时间点,是"持续建立关系"。

我们的话语、动作,其实都在向别人展现丰富的信息:我是不是把你当成工作伙伴,我是不是欢迎你来跟我对话。

在职场上,主管工作的内容,不只是达成工作业绩目标,还要为企业培养人才。不过很可惜的是,很多主管只记得扮演主管角色,而忘了交替以导师或教练的角色,来对员工进行辅助。

可能主管习惯向员工直接要业绩,但因为缺少了相互理解、相互信任的关系,很多方法可能对员工无效,不仅如此,还会造成员工不敢表达自己的真实意见的情况。久而久之,如果所有事情都是主管说了算,那么主管的能力会成为部门能力的上限,主管与员工的合作无法达到相乘的效果,主管也无法协助员工在工作中获得成长。

我在半导体行业工作的时候,有句话在工程师间流传着:"我们需要年轻人,因为新项目需要他们用年轻的肝来拼!"这句话乍听虽然好笑,但也颇为传神。完成项目需要用的能力,不单是

爆发力，更重要的是续航力。

要成为能够辨认千里马的主管，也要有不把千里马一下跑报废了的管理能力，要能陪着千里马，使用好的配速、让千里马好好地锻炼与休息，找到工作与生活的平衡点。

人都会遇到瓶颈期，运用"成长型的对话和沟通"，在协助员工的过程中，与员工持续建立关系。在皮特的案例中，皮特觉察到自己进入了工作模式的负向循环，但他成功地找到一个切入点，打破了自己的思维惯性。

也许短时间看需要主管多花一些时间来与员工建立成长型的对话和沟通，但是只要通过成长型对话和沟通持续和员工建立关系，员工会找到方法，提升自己的应变能力，部门的业绩也会随着员工的状态变好而提升，从而创造了主管与员工正向的互动循环。

2-3
主管如何通过 5 种权力与员工建立信任关系?

当员工身心生病了不想工作

小芬坐在我的对面,她眼睛大大的、身体瘦瘦的,看起来有点憔悴。

"顾问,我被医生诊断为焦虑症。因为我太焦虑了没办法上班,现在向公司请了两个星期的病假。我很紧张啊,已经过了一个星期了,我再过一个星期就要回去上班了,可是我现在一想到要回去上班这件事,就会呼吸困难、手脚发抖、浑身冒冷汗……"小芬急迫地讲着这些话,感觉这些话,她已经酝酿了许久。

"顾问,我这样的状态能回去上班吗?我如果不回去上班,会不会保不住这份工作?我年纪大了,以后没工作怎么养活自己?我真是越想越焦虑。最近晚上都睡不着觉!"

听到小芬的种种情况,如果你是小芬的主管,你会怎么做呢?

在前文中，我们提到过，主管有几种权力可以运用。我们来仔细地探讨一下，如何运用不同的权力来与人进行良好的沟通以及建立互相信任的关系。

▲ 应用 5 大权力，主管和员工建立关系 ▲

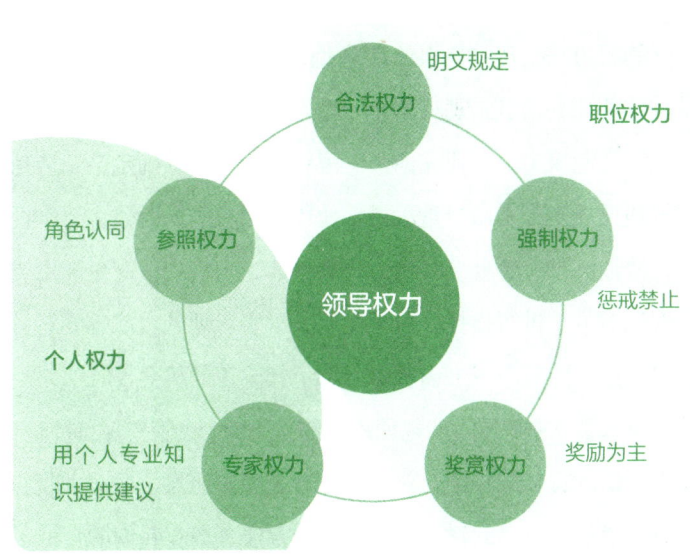

合法权力

首先来看合法权力。合法权力是指个人因为在组织中的职位和职务而拥有的权力。它是组织赋予的合法权力，代表一个人通过组织中正式层级结构中的职位所获得的权力。

如果有需要厘清的地方，或是需要员工进行具体改善的地方，主管记得要解释清楚需要员工这样做的理由，并使用清楚的语言、有礼貌地请员工配合。

使用合法权力时，主管不要过度解释，或逾越职权规定的范围。

强制权力

强制权力是指建立在惧怕基础上的权力，强制权力跟奖赏权力是一体两面，前者是惩戒禁止，后者则以奖励为主要目标。

使用强制权力前，要先向员工解释清楚规则，确定员工清楚地了解违反规则带来的严重后果。使用强制权力的时候，要一视同仁，才能够维持惩处的公信力。惩处前，主管应该避免随意或感受性地对员工进行指控，要事先调查事实。惩处之前也要对员工先提出适当的口头或书面警告，给予其改正的机会。

没有人喜欢被惩罚，所以使用强制权力时，主管要保持冷静，避免表现出敌意，或拒绝与对方沟通。表现出愿意帮助对方改善的诚意，邀请对方一起讨论解决问题的方法。毕竟我们的目标不是要使员工感受到挫折，而是希望通过运用强制权力，帮员工找到能够改进的方法，进而帮助员工继续成长。

奖赏权力

奖赏权力是指个人控制对他人来说重要的报酬或奖励分配，从而影响他人行为的能力。奖赏权力包括报酬奖励、升迁等，让员工能感受到肯定的奖赏方式。

奖赏多多益善吗？不一定。奖赏要公平，也要符合道德原则，不能违背公司的制度。主管不要对员工过度承诺，一旦承诺超过主管能力范围，反而会出现负面效果。宣布奖励办法前，主管要向员工解释奖励要点，而且最好简单化奖励程序，不要设立重重门槛。一旦员工达到被奖励的要求时，主管必须完成承诺，才不会变成"画大饼"的主管，而减损管理上的相互信任。

上面3大权力都是属于部门主管拥有的职位权力，主管运用这些权力，可以影响其他人依照一定的方法做事。

如果你还不是部门主管却需要带领团队（如果有相关的职位权力可以使用），或是主管希望自己能多多发挥对员工的领导力，以下两种个人权力，会让你更能发挥软性领导力。

专家权力

专家权力让你可以运用个人的专业知识，为对方提供建议。特别是面对新世代的员工时，解释要做这件事的原因，说明这件事的重要性，得到对方的认可，是建立关系的重要一步。

如果在工作中遇到困难，专家权力的发挥，可以协助团队进行危机处理，也会让团队对前进的方向更有信心。这些对建立关系都很重要。

在使用专家权力时，主管要记得在团队中最好不要独断专行，要允许每个人都能够做出相应的贡献。因此，主管要学习聆听团队成员提出的相关建议，然后运用自己的经验，协助团队辨认出可行的方向。所谓"危机就是转机",当困难出现时,就是我们运用专家权力,建立自信心与展现决断力,提升团队实力的好时候。

参照权力

参照权力是一种角色认同,主管因为自己的行事风格、做法、角色示范而获得员工的认同与情谊。这份情谊不来自职权,所以会跨越时间、组织,即使在离开公司后,他人想到这个人还会当他是一个模范。

具有参照权力的人,常常很有个人魅力,会成为单位里的"老大"。他会乐意并主动对他人的工作进行支持,即使事不关己,他也愿意对大家提供支援,展现真诚。不过分计较个人利害,也会信守对他人的承诺。因此,大家很乐意与他合作,建立真诚、向上、向好的团队。

总结一下 5 种权力的特点,即:

- 合法权力赋予我们合作的基础。
- 强制权力让我们保持一视同仁的心。
- 奖赏权力是工作中最重要的权力,也鼓励员工超越自我。
- 专家权力让我们彼此聆听学习。
- 参照权力让我们成为向上、向好的团队。

这5种权力彼此相辅相成,熟练地应用它们,主管才能更加从容地面对各种状况,带领团队成长。

所以,作为主管,你可以用不同的权力解决问题!

让我们回到小芬的案例,听完小芬的话,我先请她深呼吸,同时我也跟着调整自己,尽量放缓我的呼吸,调整我的语速,让我的音调维持温和、稳定。我询问小芬:"你刚刚提到会紧张,这种状态持续多久了呢?"

"大概有半年了,最近我的状态越来越差。一开始我只是有点喘不过气,后来手开始冰冷、全身无力,有时我的脑袋会一片空白,别人说什么根本反应不过来。有时还会觉得喘不过气来……我的状态非常不好,对吗?"

"你记得半年前发生过什么事情吗?"

"有的,那时候我们部门有一个人准备离职,有一个同事请育儿假,还有一个同事请产假。主管跟我说,要我先接下准备离职以及请产假的同事的工作,他会尽快再招人。但是我手边的工作就已经很多了,更不要说还要做别人的工作。主管说要招人,招了三四个月都没招到,我实在很担心,以后这些工作就变成了我的事情。后来我一上班就哭,要上班的前一天就睡不着,最后挂了医院的门诊,医生开了抗焦虑的药给我。

"吃了药是好转了一点,只是我一去上班就紧张,怕犯错,现在睡不好,白天注意力又不集中,一天到晚都在担心如果我表现不好,会不会丢了工作。我的工作需要打单子,不能出错呀,如果打的单子有问题,公司是要赔钱的,影响太大了。所以我想先请两个星期的假自己好好休息。但是现在一个星期过去了,我天天倒数要什么时候回去上班,越倒数就越紧张、越紧张就越睡不着,这怎么办呢?"

在建立关系阶段,我们的目标是要通过对话与沟通,逐步与员工建立信任。

通过建立信任,我们能够通过更多的信息来做出准确的判断,也能够更好地了解员工当下的身心承受力,后续才能跟员工一起进行问题的澄清,并制订出行动计划。

因此,在建立关系的过程中,主管不需要急着立刻去"解决"员工的问题。而是要把重点放在了解员工、与员工建立信任上,只有这样后续才能有效地开展对员工的关怀与评估。

通过小芬的描述,我们可以从职位权力和个人权力的角度来整理一下主管能做的事情:

职位权力	个人权力
• 让员工了解其权力范围 • 协助员工走请假的行政程序 • 安排员工请假期间的工作事宜 • 协助员工合理照顾身心	• 提供个人经验 • 提供医疗方面相关信息 • 提供公司的相关资源(保险、心理咨询、员工关怀等)

小芬的主管收到我传达的信息后,先打电话跟小芬聊了聊,关心了一下她的身体状况。征得小芬同意后,小芬的主管还带了

一盒她爱吃的水果，和小芬熟悉的同事一起，到小芬的家里去探望她。了解了小芬因为工作量太大，又不知道怎么跟主管表达，因此造成上班时的巨大的心理压力后，小芬的主管跟小芬说，他会跟公司争取从其他部门先调人来进行短期支援，也让小芬知道他在努力招人，让小芬不用担心。小芬的主管用自己曾经生病后慢慢康复的经历鼓励小芬。小芬以前没听过主管提到这段过去，但是听到主管分享自己的经验，让她感到很被主管理解，对工作的排斥感也变小了很多。

这就是关系的重要性，通过对话，主管可以跟员工逐步建立起信任。如果我们只问责，只追业绩，这些非常平常的管理方式，很可能让员工认为自己只是一个标准化的螺丝钉，对主管失去信任，失去上进的动力。

只有我们愿意跟员工产生信任的关系，真的关心员工，员工才会愿意告诉我们他真正在意的事情。

2-4
员工不愿开口，主管该怎么办？

当遇到和同事几乎不讲话的员工

老陈从一毕业就到这个单位担任工程师起到现在，一直兢兢业业，交给他的事情，他大多时候都可以保质保量如期完成。有时候遇到些小问题，这也是很正常的事情，给点时间修正就好了。照理说，交期、质量都没什么问题，应该就是个很棒的情况吧，但是，一切就是这个"但是"……老陈到这个单位7年了，居然一个朋友都没有，这未免也太怪了吧？

张经理是在公司轮调时到的这个单位。他习惯在新上任时，跟员工们做一轮谈话，好对每个人有个初步的印象。奇怪的是，在谈话时，每个同事对彼此的业务都能说上两句，唯独对老陈，他在做什么，是个什么样的人，大家都表示不清楚。工程师习惯对着机器做事，所以老陈的沉默寡言可以理解，但沉默寡言到在全部门没有朋友，甚至没人知道他住在哪里、喜好是什么，这会不会说明老陈有点太沉默了？

张经理跟老陈也聊了一下，老陈说话的时候眼神会躲闪，好像他和别人讲话时感觉全身不自在，总是迅速地画下句点。张经理跟他聊了 10 分钟，也觉得："嗯，讲完了，没什么好讲的了。"张经理试着引导老陈，要他多开口，要多创造话题，跟同事多聊聊……老陈点点头仿佛知道了，但从后续的行为上却看不出他和之前有什么差异，他依然是办公室里一个神秘的存在。

张经理是个每天都要跟员工聊天，关心员工全家老小的热心肠，遇到这么沉默寡言的员工，他觉得有点不安，总觉得哪里怪怪的。他自己先跟我约了管理咨询，也打算之后请老陈来找我，看看老陈是不是有什么不好跟他说的事，让我开导开导老陈。

听了张经理的描述，我可以感受到张经理想帮助老陈的热情，也为老陈有个想法这么开放、愿意理解员工的主管感到开心。

有句话叫"物以类聚"。我们很容易跟性格相近的人产生共鸣，也感觉更亲近；而跟我们性格大不相同的人，相处起来会有种格格不入的感觉。

性格是什么呢？性格又会对工作造成什么影响呢？

每个员工，都是一个独立而不同的人

俗话说：龙生九子，各有不同。更何况员工是来自不同家庭、不同成长背景的人。心理学上有很多关于性格的研究，企业也经常在人才招募、岗位适配、组织沟通、教育训练等场景中使用性格测验。经常被使用的性格测验有 DISC 性格测验、MBTI 心理类型测验、荣格八维人格测试、PDP 人格特质分析等。这些测验都能对员工的现况、性格、能力特质,提供文字版的描述与分析。善加运用以上测验,就能让团队不同特质的同事优势互补、相互学习。

但是,人的性格并不能用二分法去解读。例如在外向或内向的这个维度,如果测验的结果是你属于外向型性格,那只是说明在外向与内向的这个维度,你的性格外向程度较内向程度高,只是程度的不同,而不是指你这个人随时随地、面对任何人、在任何情境下都是外向的性格。

因此主管在运用相关测验时,要避免过度或是片段地诠释测验结果,将员工标签化,造成负面效果。

人们因为相似会有共鸣,而因为差异,彼此才能有机会成长。

在建立关系的过程中,如果我们能够尊重对方的优点、接纳对方的缺点,那么我们对彼此的差异会有更多的理解,对彼此也会有更多的尊重。

先考虑员工特质,而不是把员工变成主管想要的样子

如果不考虑员工的特质,只是一股脑地想要把部门"扭"成

自己想要的样子,这样的主管在领导风格上可能会比较强势,与员工关系除了会比较远,也无法听到员工的真心话。

一旦员工遇到瓶颈又不敢跟主管据实以告,会让主管无法提早掌控风险,一旦主管无法充分了解员工,就无法调动员工的内在潜能,从而形成负向循环。

主管一个人拉着整个部门走,不但带人带得比较累,员工没有成就感,也可能会让人员的流动率变高。像是老陈的情况,如果他的主管不是乐意沟通的张经理,而换作其他强势风格的主管,当主管听到同事对老陈的状况描述后,就主观判断他的情况是"不合群,没有团队精神"。即使这样的判断不一定是事实,主管也会在与员工建立关系的过程中,创造出更多的沟通障碍。

那天,老陈走进我的办公室,他身穿 Polo 衫和牛仔裤,衣物样式简单,也算干净。戴个眼镜,斯斯文文的,讲话声音小小的,好像也有点紧张。

老陈跟其他同事比起来,确实沉默寡言。他负责的手头业务也没问题,只是,他做好自己的事只能发挥个人的业务能力,没办法帮助团队提升战斗力。

张经理想要突破老陈的心理防线,却连老陈的沉默寡言纯粹是个性使然,还是对新主管心存防备都搞不清楚。张经理跟我讨论以后,分析了一下,他觉得老陈的表现一直都是沉默寡言,所以应该是个性使然,但是怎么调整他的个性,让他在团队里面能发挥更大的作用呢?

张经理开始观察老陈有没有愿意表达意见的时候。他发现，在开部门会议时，有时老陈对工作上的事情，偶尔会发表一两句意见。但是只要别人话题一转，他就又开始沉默了。张经理想：老陈会不会是和别人讲话的机会少，所以不太知道怎么和别人互动交流，因此才会讲完自己的想法就结束了话题？

于是趁着下一季度将有一场发布会的机会，张经理跟老陈说打算派他上场，让他先来跟我学学沟通和表达。学沟通当然是一个课题，主要是张经理希望能够有人跟老陈开始建立一些友善的关系，让老陈愿意敞开他的心扉，跟大家多一些交流。

沟通有时候不一定是要对方立刻改变，而是利用一些辅助的方式让对方自己去发现问题，然后再慢慢发生改变。在老陈这个案例中，张经理就是利用在发布会上发表演讲的工作机会，来具体推动员工提高表达、沟通的能力。

主管在对员工进行具体协助的过程中建立起与员工的合作关系，产生更多的互动与了解，就是职场上建立关系的一种好方法。

张经理事先在我这里做了咨询，他说希望能借由这次咨询，增加老陈与其他同事互动的意愿。老陈也快速地打了电话预约，不到一个星期，老陈就坐在我的面前，一脸诚恳地说："顾问，我的系统做得差不多了，主管希望我练习一下表达能力。我要向全公司的主管介绍这套新系统。"

"很棒啊，你打算怎么做呢？"

"我打算先写稿子，到时候背稿子的内容，这样应该没问题吧？"

"嗯嗯，你打算先写成稿子，很好。看来你已经有了初步的计划。在正式向主管们介绍这套系统前，你想过要找谁练习一下吗？"

"啊，没有啊，主管让我来找顾问你，意思不就是找顾问你来进行练习吗？"

"我陪你练习当然没问题。不过我建议你找身边的一两个同事，分段先说给他们听，请他们给你一点建议。"

"啊，我不知道能够找谁？大家都这么忙，应该没空吧？"老陈果然对找别人帮忙这件事情，表达了一些顾虑。

"你身边有没有和你比较聊得来一点的同事，或者平时就比较热心，平常你请假的时候，会让对方代你处理一下工作的同事呢？"

老陈认真地想了一下说："有，我的职务代理人是小戴，那我找一下他。阿正平常挺热心的，也经常做部门的会议简报，我或许可以问一下他。"

"很好，你可以请他们拨个 10 分钟空闲给你，听你练习一下，如果有需要，也可以请主管帮你跟同事提前打个招呼，这两个星期让他们给你必要的协助。"

老陈首先和我一起过了一遍内容。接下来我给了他一些修改建议，建议他将 10 分钟的简报，拆成 3 个段落，分 3 次请同事帮他演练，给他一些建议。然后下星期回来找我前，要先跟主管讲一次。然后找我的时候我要听他说一说，在那个星期练习时的心得。

第二个星期，老陈回来找我的时候，表情有些不同。老陈在一个星期里，跟两位同事练习了3次，同事们也给了他一些建议。他有了3次有主题的跟同事互动的经验。

我问他，这样跟大家一起练习的感觉怎么样。

"很好啊，原本我想直接背稿子，但是阿正和小戴建议我不要这样做，因为这样就太枯燥了。他们建议我做好讲义，用看图说故事的方法讲。把步骤标清楚，把重点字、关键字打出来就好，我觉得他们这样的建议很好，昨天我根据他们的建议做了调整之后向主管做简报，主管也表示了肯定。"

"啊，你身边有很棒的同事愿意一起协助你。那为什么第一次见我的时候，你会跟我说想不到要找谁？"

"因为平常大家都各忙各的，我也不好意思去麻烦别人，就想着把自己的事情做好就行，没话题聊也是很尴尬的。"

"那你这星期跟两个同事找到一些话题聊了吗，还是只聊了简报的内容呢？"

"有哇，有次下班前，我跟阿正练习完简报的内容要一起等电梯下楼。他主动问我要不要一起去公司的健身房，我想，阿正都帮我对简报的内容进行了调整，便不好意思拒绝。所以就跟他一起去了健身房。我来公司这么多年，从来没进过健身房，因为我不会用那些健身器材，去了也尴尬。但是和阿正一起去了健身房后，我才发现他所有的器材都会用。在阿正的帮助下，我发现运动其实没那么难，下班后去流流汗的感觉也挺好的。"

"很棒啊，你跟同事们也开始有了工作话题之外的交流了。"

"嗯嗯，我之前把工作跟生活分得很开，我觉得和同事就应该聊工作上的事情，但和一些聊得来的同事，其实也可以一起分享有关生活或是爱好的话题；如果关系再好一点，说不定可以变成好朋友。当然，要和同事成为知己，就可遇不可求啦，这不能强求。不过在职场上能够交到一些朋友，我觉得是蛮好的。"

我为老陈的改变感到开心，也为他遇到这么用心的张经理感到庆幸。张经理为营造一个让大家有交流的机会煞费苦心，他会安排同事之间的大联欢，也会在中午主动邀请同事们一起吃饭。

主管们，请先理解与你不同特质的员工

各位主管，你部门的员工，哪些跟你个性比较相似，哪些和你个性差异比较大？你是如何观察他们的特质，从而利用他们的特质去增加团队的力量呢？

建议你找个不受打扰的地方，花 10 分钟做一下这样的练习。请先拿出几张纸，有几位同事就拿出几张纸，在每一张纸的正面分别写上同事的姓名，在其反面，写上你所观察到的对应的那位同事的性格特质、优点、缺点。

- 你所写的每位同事的优点，是你认可的每位同事的职场价值的一部分。
- 你所写的每位同事的缺点，是每位同事尚待改进的部分。
- 有哪些缺点是你觉得在工作中尤其不能出现的，亟须他们改善的呢？

请把每个人最显著的一个优点和最需要改进的一个缺点勾起来。想想看，你怎么创造机会，让每个人的优点可以发挥到最大，将缺点可能带来的后果降到最低？如何让员工之间通过互补、相互配合的形式，开启团队合作的正向循环？

对有待改正的缺点，你可以观察员工在什么情况下，心态会更加开放，更容易接受别人的建议。主管不一定要员工在工作中改掉其缺点。在建立关系的阶段，主管需要掌握了解员工的切入点。

所谓"带人带心"，当员工知道你愿意在他身上花时间，能体会到、感受到你的关怀与诚恳，就是彼此正向互动的开始。

2-5
主管如何打开耳朵听见、听懂员工？

当员工变得不想、不敢跟主管说话

小娟的声音听起来有点病恹恹的，给人一种有气无力、无精打采的感觉，甚至一开始时听她讲话都有些听不清，我还请她要稍微大声一点说话。

这是我第一次跟小娟谈话，我很好奇她是因为下班有点累，还是她平常说话也是这样，比较小声。

"我觉得我就是没有自信，我讲的话也没有人想听。"

"这样啊，你讲话一直是这样小声吗？"我好奇地问她。

"本来也没小到这种程度，都是因为大环境啦！"小娟的声音突然大了点。

"因为大环境？怎么说呢？"

"我们公司的经理常常会来找我做事，但是我的直属领导其实是我们的科长。她们两个人有时候对事情的看法不一样，可是她们彼此也不沟通。平常在办公室还有同事会给我意见，有时我按照科长指示做事要被经理骂、按照经理的指示做事又会被科长骂,我真是快疯掉了,到底她们想要我怎么样啊!"小娟一边说,原本放在大腿上的手一边跟着挥舞了起来,我完全能感受到她在两个老板之间被挤压、手足无措的感觉。

"你因为不知道到底要怎么做事,所以说话的声音就越来越小了吗?"

"是呀,我越来越懒得讲话,反正无论面对谁,她交代我做什么事我就做什么事,然后等待被另一个主管骂,我再改成另一个主管要求我的做法就好。不管怎么样都会被骂,我觉得自己好倒霉,一直做、一直错、一直被骂,没有人会满意我的表现,连我自己也很不满意自己的表现。如果不是因为大环境不好,找工作不容易,我真不想做了!"小娟一边说着,她的头又低了下来。

除了听到员工说的话,还要听到员工没说的话

你认为什么是沟通?沟通的形式有哪些呢?一定要使用语言才叫"沟通"吗?沟通中的信息包含了语言与非语言信息。语言信息包括我们用的语种、使用的词语,但是沟通中更多的信息,是由非语言信息,如声调、语速、肢体动作、眼神、面部表情等来传达的。

美国的心理学家阿尔伯特·麦拉宾,在1967年提出"麦拉

宾法则",即在人与人的沟通中,信息的全部表达 =7% 的语言内容 +38% 的声音(包括音调、音色、音量、语速等)+55% 的肢体语言。这意味着,在面对面交流时,语言文字所传达的信息在整体信息传达中所占比例相对较小,而声音和肢体语言等非语言因素所传达的信息占比更大,对沟通效果起着更为重要的作用。

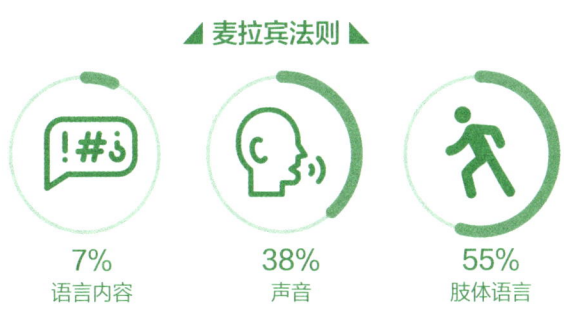

▲麦拉宾法则▲

7% 语言内容　　38% 声音　　55% 肢体语言

什么？！语言内容只在人际沟通中占 7%,难道语言内容在沟通中这么不重要吗？

其实不是的,"麦拉宾法则"虽然在一定程度上强调了非语言沟通的重要性,但它并不是一个绝对的、适用于所有情况的定律。麦拉宾在 1972 年《非言语沟通》一书中强调,这个法则仅适用在以下情况中：一个人在说话时的语言信息（内容）和非语言信息（语调、手势跟肢体语言）不一致的时候,人们才会更容易受非语言信息的影响。

也就是说,当语言信息和非语言信息可以匹配的时候,对听的人来说,沟通信息更有一致性。当内容、语调、肢体语言彼此相辅相成时，能够更完整有效地传达信息。

当主管的你，不妨想一想，在跟同事说话的时候，你一般说话的时间多，还是倾听的时间多呢？

像小娟，她传递出来的非语言信息是很丰富的，她用音调的变化、手势、肢体语言、表情，传达着她的心情。这是因为她的感受很多是她用语言没有办法全部表达出来的。

小娟很在意他人的看法，她需要通过别人的肯定，来让自己更有信心。她面对的困境是，她觉得两个人都是自己的主管，自己应该要听从主管的指令，没有办法表达自己的意见。所以当两个主管下达的指令不一致的时候，她就卡住了，她既不知道怎么搞清楚两个主管的意思，也不知道在做事的过程中怎么表达自己的看法与感受，最终没有获得一个好的工作结果。

先学会倾听员工真正的感受

如果你是小娟的主管，要怎么协助小娟呢？小娟在两个主管要求不一致的情况下，有能力用不同的方法完成任务。只是因为在"她的理解"中，两位主管要求并不一致。请注意，我把"她的理解"进行了标记，因为主管的要求不一定不一致，很有可能对主管来说她们的目标是一致的，只是做法不同。但对员工来说，并没有足够多的经验来处理不同的主管提出不同要求的情况，于是员工就不知道怎么办了。

那么小娟的主管,这时候就应该先仔细地倾听,了解小娟的感受,回应她的情感,接纳她的挫折感。

这时候主管要运用教练的角色,提醒自己,打开耳朵,多多通过提问,协助小娟先厘清她的主要困扰在哪里,找到主要原因才能对症下药。通过讨论,让小娟慢慢培养自己分析问题的能力,最后增强和主管沟通的能力。

"小娟,你可以给我描述一下,这两个主管是什么样的人吗?"

"经理的个性很急,她交代下来的事情就希望立刻看到结果。不过她会主动关心我的进度,我不懂的地方也可以问她,她会花时间解释给我听。

"科长就比较捉摸不定,有时今天要我这样做,明天又要我那样做,不明白她的想法是什么,我只能不停地猜、猜、猜。有时候没猜对就变成做无用功。这样很累,一件事要反复做好多次。有时候真的赶不出来方案,她就会板着脸,自己亲自做。明明我也很勤奋、很努力,是她没讲清楚才导致我来不及赶出方案的。"

"所以听起来,你的两个主管在步调上不太一样。一个会在你做事时问你的进展,另一个到最后会跳出来帮你,是这样吗?"

"也可以这样说,我比较喜欢经理采取的方式,她的做法让我没有什么压力。科长就直接把事情全部交给我,让我按照自己的想法做,最后她又全盘推翻我的做法,虽然她会在最后关头帮我完成这个工作。我也知道她在帮我啦,但我希望她可以给我一个更明确的指令,而不是一直改来改去,让我越做越迷茫啊……"

听到这里,你觉得小娟的两个主管,哪个跟她关系建立得比较好呢?哪一个人的沟通方式,更能让小娟接受呢?

你的答案应该跟我一样,是经理。那如果要把经理跟小娟能够建立关系的行为圈起来,那应该是:

"经理的个性很急,一交代事情就希望立刻看到结果。不过她在过程中会主动关心我的进度,不懂的地方也可以问她,她会花时间解释给我听。"

经理虽然有些急功近利,但是能够在小娟做事的时候让她感受到关怀,她做了什么呢?就是用直观的方式,主动关心小娟做事的进程,并给予小娟必要的协助。

那要怎么关心小娟做事的进程呢?这时,使用"开放式问句"的方式就能帮到我们。

例如,主管经常会这样问小娟:"小娟,后天早上要完成的报表,进度怎么样,还好吗?"主管这时候使用开放式的问题询问和项目有关的事情,给小娟一个打开话匣子的机会,通过小娟的回答,主管就有机会了解小娟目前的工作状况与可能遇到的麻烦。小娟可能会说:"业务部的某某和某某还没给资料……"

主管不需要直接回应员工说话的内容,但要观察一下对方使用的非语言信息:说话的声音是充满自信呢还是犹犹豫豫呢?肢体的动作是开放的还是防御性的呢?脸上的表情是开心的还是很苦恼的呢?这样在沟通的过程中,主管就会多了很多线索,去了解员工当下的内在情绪与他的工作负荷情况。

你可能会想，一下要判断这么多信息呀？会不会很难呢？其实这是我们在生活里本来就会做出的信息判断。例如妈妈叫孩子吃晚餐，孩子说再等 1 分钟，可能 1 分钟后他还是会一直盯着电脑屏幕，一动也不动，妈妈就明白孩子完全没有要离开的意思。老师问学生还有没有什么问题，多数学生都会把头低下去，那老师就明白，那些学生其实希望老师不要叫到自己。对信息的判断，一直出现在我们的生活里。只要把握少说、多听的原则，你就能把握除了语言外的更多非语言信息，在职场上更加贴近员工的心。

所以即使小娟觉得经理个性很急，要什么东西都是"立刻给我，马上给我"的说话方式，但是因为经理会不时地问她进展并和她沟通，她和经理的心理距离是更近的。

那么科长呢？其实科长做的事情也很多，甚至有时自己亲自帮小娟处理好事情，小娟却没有办法感受到科长的好意，反而觉得很受挫。那如果要把科长让小娟感到很心累的行为圈起来，那应该是：

"科长就比较捉摸不定，有时今天要我这样做，明天又要我那样做，不明白她的想法是什么，我只能不停地猜、猜、猜。有时候没猜对就变成做无用功。这样很累，一件事要反复做好多次。有时候真的赶不出来方案，她就会板着脸，自己亲自做。明明我也很勤奋、很努力，是她没讲清楚才导致我来不及赶出方案的。"

因此，领导员工不是完全放手让员工完全按照自己的方式做事情，而是要时不时地关注进程，让员工感到你懂得他、关心他，这样员工的工作会更有效。

打开耳朵，多去倾听

对很多人来说，从"听"到"听到"再到"听懂"和"听透"，是需要学习的过程。大多数人只是有"听"的动作，不一定能做到"听到"。

大多数的时间里，我们都忙着说话与自我表达，而忽略了"听"，将"听"的繁体字——"聽"进行拆解我们就会发现：左边就是耳朵、耳朵下有个王字，代表的是在沟通中，听别人讲话时要把对方视为主角去倾听对方。而右边，是十目一心，代表的是在听别人讲话的时候，要用十只眼睛、用心倾听，关注对方语言信息与非语言信息，全心全意、真心地了解对方。沟通的时候，先打开耳朵听懂别人所要传达的信息，是很重要的。

练习沟通时，最重要的是打开耳朵，多去倾听、不打断、不评价对方，让对方多说、多表达。

多多倾听，不但能了解对方的感受，也能更明白对方当下的心理状态，了解对方对这件事情的态度、想法。通过视对方为"王"般地尊重对方，也能把你专注的态度，通过倾听和对方产生很好的连接。

在小娟的案例中,小娟说话时情绪的起伏,声音的高低、语速的快慢会有明显的不同。我们在跟员工沟通时,也可以适时调整自己的气息及语速、音调。沟通的时候,不一定要讲很多话,当语言信息与非语言信息趋于一致,我们的表达所能收获的效果更好。

我们可以在跟员工对话前,做好以下3种准备:

● 预想:

设定你要沟通的情境方向,是要鼓励对方还是斥责对方,或者关怀对方?

● 预感:

让自己进入情境,运用身体动作、调节呼吸,让身体开始有感觉。

● 预演:

用不同的音量、音调、语速来预演要说的内容,并用手机进行录音,之后听听这些录音,听听不同的音量、音调和语速传达的信息哪种效果更好。并试想是否能找到3种不同的非语言信息,来让你想要表达的内容更容易传播。

进入沟通前,花点时间让自己先安静下来,把耳朵打开。如果你想传递的是关怀,如何让你的说话内容跟你的姿势、语调、语音、语速都能完美配合呢?让对方可以一下子从你的语言信息与非语言信息中,读到你的善意。

从今天起跟别人说话的时候,不妨观察一下自己在沟通时的习惯,是说的多还是听的多?如果你是"说的多"的模式,请让自己加强一下听的练习;如果你是习惯"听的多"的模式,则可以加强一下说的练习。同时具备"听""说"的能力,才能帮助我们在和员工的沟通中,与员工逐步建立信任,为辅导员工奠定一个坚实的基础。

2-6 如何掌握有效的员工关怀与评估时机?

运用情绪,走进彼此

下午两点多,罗斯在洗手间洗手的时候,听到旁边的隔间有人在低声啜泣,听起来是同部门的安吉,罗斯不知道是不是应该主动问一问安吉,她感觉有点尴尬,只能默默地洗完手后离开了洗手间。过了 20 分钟,正在打电话的罗斯,抬头看到安吉眼睛红红地走回座位上。她回想这两天安吉的行为,真的跟平常有些不同,好像在刻意回避同事,脸上也很少有笑容。她决定等一会儿要主动找安吉聊一聊,关心她一下⋯⋯

部门中身心健康、能够彼此关心的同事,是一个公司很重要的无形资产。但是,是人就会有感受、有想法。正向的感受与想法大家乐于接受,但是负面的感受与想法,也很需要被倾听。

像安吉的哭泣行为,虽然还不确定是因为在工作上还是在生活上遇到什么困难,或是因为长期累积下来的压力所导致的。但是主管要评估安吉的这种状况是否会影响其当下的工作状态,甚至是否会造成工作上出现错误或是存在安全隐患的风险。但是主管有什么方式，可以用来初步判断员工的状况，并给予员工实时的关怀呢？

发展部门同事彼此关心的文化

首先，对员工的关怀，不一定都要主管来做。员工彼此间的关系最密切，如果员工出现异常，往往身边的伙伴会是第一个觉察到的。像是上文的罗斯跟安吉，她们就是同一个部门的同事。因为罗斯的敏感度高，观察力也强，她很快就发现安吉跟平常不一样。有时候，情绪对工作影响不大，但如果工作涉及操作机器、配制化学药剂……牵涉安全的工作内容，一旦情绪影响专注度，就可能造成危险的发生，因此需要我们能及时觉察潜在的风险。

那什么时候是建立关怀文化的好时机呢？想关怀员工，"了解"员工是第一个关键点。"了解"来自平日主管对员工的观察，先有平常的观察，才能判断异常的出现，之后才能进行有效评估。

主管对员工平常的观察，可以从员工的睡眠、饮食、情绪、记忆力这几个点切入。

- 员工睡眠质量好不好，是否有黑眼圈？
- 员工上班有打瞌睡的情况吗？最近经常迟到早退吗？

- 员工上班的时候是不是一直喝咖啡等提神的饮品？
- 员工是不是有暴饮暴食的情况？
- 员工最近的情绪稳定吗？
- 员工是不是发生了遗忘事情的情况？

偶尔睡不好或记不住事情的情况是难免的，但如果员工常常出现这样的情况，或这种情况发生的频率变高，主管就可以运用前面提到的与员工建立关系的方法，对员工表达关怀。

▲ 员工日常关怀 ▲

饮食表现：

上班时候是不是一直喝咖啡等提神的饮品？是不是有暴饮暴食的情况？

情绪表现：

最近的情绪稳定吗？

睡眠表现：

睡眠质量好不好，是否有黑眼圈？上班有打瞌睡的情况吗？最近经常迟到早退吗？

记忆表现：

是不是发生了遗忘事情的情况？

关怀刚入职的新人

什么时候需要主动帮助员工呢?让我们回到业绩表现图。

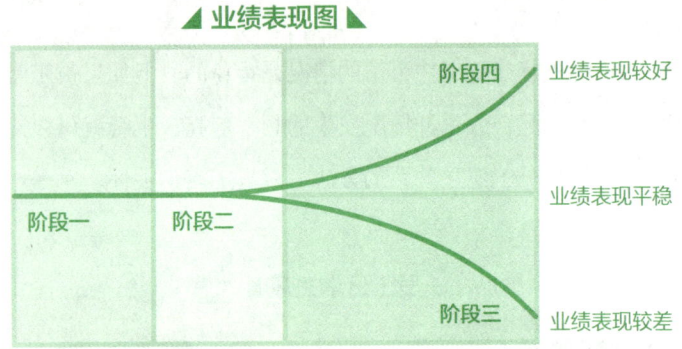

▲业绩表现图▲

新人刚到一家公司的时候,他对企业文化的认识、部门氛围的认知都还是空白,刚进入新环境,难免会产生紧张的情绪,需要适应,这时候,可以通过"学长制度",协助新人缩短适应新环境的时间。

依照业务的需要,也可以赋予学长制度不同的功能。比如对员工进行纯粹的生活关怀,特别是对外地的伙伴,如果他是因为工作来到这个城市,他的生活是否安顿好了?住的地方是否安全?对新环境是否适应?这些看似琐碎的问题,却能让员工感受到公司除了重视业绩以外,也重视对人的关怀,这样有助于他生活的稳定,也加速他对工作内容、对公司企业文化的认同。

学长制度中的学长，对照我们在 2-2 中提到的 3 种角色，可以对应导师的角色，因为新人对我们的工作方式完全没概念，学长可以提供参考资料、工作流程，通过讲解说给新人听，带着他走一遍流程，也鼓励他自己独立走一遍流程，再解答他在走流程时产生的一些疑问，让新人逐步建立对业务的概念之后，新人对独立作业也会更有信心、更有把握。

　　新人期是很重要的阶段，企业会对员工的态度、能力进行评估，员工也会看企业文化、工作内容适不适合自己。在日常的关怀与指导中，双方都在对彼此进行评估，如果双方真的不适合，那在新人期快速处理发现的问题，也能降低对双方的伤害程度。

把握 ABC 三原则，关怀稳定期的员工

　　员工能够独当一面之后，主管可以通过我们前述的章节内容，在员工开展实践的过程中，协助员工建立自我觉察、中止负向循环，也通过对话的形式逐步建立与深化彼此间的信任，对员工的优点和缺点有更多的了解。

　　主管在日常观察员工的身心状况时，可以将出勤（Attendance）、行为（Behavior）、沟通（Communication），即"ABC 三原则"作为切入点，对员工进行初步评估：

A：出勤

影响出勤的原因很多，但出勤也是最直接的观察员工身心状况的指标之一。如果员工迟到、早退、请假的频率增加，且出现午休晚归、经常性地加班等情况，不妨主动关心一下员工，是否在工作上或生活上遇到了什么困难？

B：行为

行为表现包含外在表现跟内在表现：外在表现例如衣着打扮、待人接物等。内在表现包括情绪等个人状态。例如，原本对员工解说复杂的流程，对方可以迅速理解并做出反应，但现在面对一个复杂的流程，对方虽然能够理解却不能做出及时的反应，并在工作中错误百出。又或者原本员工对主管交代需要办理的事项的截止日期、开会的时间和议题都能记得，现在却记不住，甚至一脸茫然。对别人提出的不同意见，员工之前可以心平气和地分析并采纳正确的部分，现在却反应强烈……最近一段时间这些行为出现的频率是不是很高？

C：沟通

员工在与自己沟通的频率上是否与过去有差异？这些差异属于意愿问题还是能力问题？例如上述案例中的安吉，近日在同事眼中，出现了回避沟通的情况，这就是沟通频率降低、沟通意愿减弱的情形。

或者之前案例中的皮特，承接项目经理这一职务的一年来表现得很不错，主管也乐意给他机会。但是他最近加班时间越来越长，虽然能完成业绩，甚至还超额完成业绩，但是他感觉压力越来越大。生活里没时间陪家人，也没时间运动，人生只剩下工作、工作、工作，工作外的其他时间他需要拿来睡觉。

皮特的例子，就是意愿强，但是方法不够，没办法有效纾解压力，他对工作的倦怠感正在慢慢增加。这时他很需要主管、同事的关怀协助他做出突破。在承担新的角色时，也要发展出新的工作方式，达到新的平衡，才有机会让业绩继续向上成长。如果没人察觉他的变化，可能到最后，某件小事就会成为压倒皮特的最后一根稻草。

关怀出现异常情况的员工

当主管发现员工的行为表现开始出现异常时，建议主管这个时候可以先不带任何假设对员工进行关怀，通过对话，逐步建立信任，表达"愿意关心"以及想要"倾听"的态度，客观了解员工的身心状态。

在建立关系的阶段，通过主动关怀，让员工原本内在的隐而未显的感受与想法，有机会表达出来，从而降低员工身心健康受影响的隐性风险。

例如我们在前文提到的陈小姐的案例，主管也可以运用上述的"ABC 三原则"来及早评估陈小姐的状况。

● A：出勤

早上仍旧按时上班，但是离开座位的时间变长，有时跟客户打电话打着打着，就哭了起来，上班到一半会经常感觉肚子痛，下午跑完业务后直接回家的频率也变多了。

● B：行为

以前下午跑完业务回来，人还没到办公室，笑声就传进办公室了，现在是默默地"飘"进办公室，恨不得所有人都注意不到她，有业务以外的事情需要她协助时，她也呈现出一个退缩的、事不关己的状态，跟以前的热心肠的她判若两人。而且这些行为表现已经前后持续了好几个月，且出格的行为有扩大的趋势。

● C：沟通

陈小姐和客户打电话的频率有所降低，协调资源以及跟主管讨论的频率也明显降低，和同事的互动也减少了。

我们用 1-2 中陈小姐的例子，也分别用日常关怀表、"ABC 三原则"评估表来做一个练习。

日常关怀表

陈小姐			
睡眠表现	饮食表现	情绪表现	记忆表现
• 已经失眠了两个多月 • 几乎每天晚上只浅浅地睡一两个小时 • 不断地惊醒	• 吃也吃不下 • 桌上各种提神饮品	• 想到上班就头痛 • 上班到半途就肚子痛	• 有时出门会恍神,找不到回家的路

"ABC 三原则"评估表

	一般状况	评估状况
出勤	• 每天准时上班	• 下午跑完业务后直接回家的频率也变高了
行为	• 人还没到办公室,笑声就传进办公室	• 有时跟客户讲电话讲着讲着,就会哭起来 • 上班期间会肚子痛 • 有业务以外的事情需要协助,呈现退缩的、事不关己的状态 • 前后影响已经达到好几个月
沟通	• 乐意沟通 • 乐意协助他人	• 向主管汇报拜访客户情况的频率降低 • 协调资源以及跟主管讨论的频率也明显降低 • 跟同事的互动减少

有些主管在询问异性员工的情绪时，会感到有些尴尬。其实不用想得那么复杂，对人的关心，重点在于发自内心、诚恳，而不在于多么花哨。相信抱着一份诚恳的态度去沟通，这样的诚恳和关心普遍是可以被对方接收到的。主管们可以从最简单的每天打招呼、闲聊两句开始。

陪伴业绩优秀的员工

业绩优秀的员工，已经找到了自己的工作节奏，这时主管可以扮演陪伴、缓解压力的教练角色，协助对方使用强项，快速拿到工作成果，建立信心，甚至带动部门同事一起积极向上产生正向循环。

在安吉的案例中，罗斯中午主动约了安吉一起吃午餐，从讨论要吃什么开始，她感受到安吉的状态慢慢变得比较放松。中间安吉又接了两个电话，罗斯从安吉的谈话内容中推论打电话的是她的先生，他们两个人最近争执不断，今天早上，两个人又因为小孩上学快要迟到而吵了起来，安吉的先生觉得都是因为安吉拖拖拉拉的，没帮孩子提前准备好，才导致小孩上学匆匆忙忙。安吉听到先生的指责，觉得心里委屈。先生事后也自觉态度不好，所以中午打来电话安慰安吉。

等到安吉挂断电话，心情平复了一些，罗斯主动开口关心安吉的情况,安吉向罗斯仔细描述最近发生的事情,也向罗斯请教和先生相处的经验。一顿饭吃下来,两个人都觉得对彼此有了更多的了解,也觉得对彼此更加信任了。

了解员工,是关怀员工的第一步。主管可以观察一下部门每个员工的特质,是否有些同事的敏感度比较高,可以通过这些敏感度比较高的同事培养一些关怀的火苗,形成部门内同事彼此关怀的氛围。

这份大家彼此关怀、彼此带动的习惯,会潜移默化地变成一种相互支持、共同成长的文化。在每天的沟通、倾听与回应当中,让团队成员成为彼此最好的后援。

3

澄清问题

3 - 1
员工是能力不行还是意愿低下？

当遇到想做却做不好的员工

每晚为了工作都要辛苦加班，这员工到底是缺能力还是缺意愿呢？

晚上 8 点半，一个顶着一头乱发的年轻人来到我的会谈室。我很少接时间这么晚的案子，但是这个人列出来的所有可能的时间，不是晚上 9 点就是 9 点半，8 点半已经是他可以挤出来的最早的时间了，这点让我觉得有点吃惊。

"晚上好，米歇尔，你吃过晚饭了吗？"

"顾问好，我还没吃，不过没关系。我习惯等一切忙完以后再去用晚餐。"米歇尔很有礼貌地回答。

"你做什么工作呀？我看你给出的能来咨询的时间都很晚，你每天都这么晚下班吗？"

"我之前是工程师，现在调来做产品经理才半年。我之前觉得工程师只是在接收别人传达的需求信息，然后去实现别人的需求,现在我想学习怎么从客户的需求出发去规划一个项目,然后协调大家一起来完成这个项目。所以在去年年底,主管和我开会谈到之后的工作规划时,我就主动跟他说:'我希望在接下来的两三年里,我能够往资深产品经理方向发展。'"

听到年轻人这么有想法,我的眼睛都亮了起来。

"很棒!你既有写代码的能力,又想积累关于产品经理这个职位的经验,提高和其他人合作的能力。这对身为工程师的你来说是很棒的事情,往产品经理方向发展的确是个不错的想法。"

"可是,我现在超后悔。"眼前的米歇尔,又沮丧又着急,"我调来当产品经理前,根本不知道这项工作要处理的事情这么多,大家大大小小的事情都要找你,每件事情都是着急的事情。我上班的第一个星期从亲手接项目开始到现在,就没有哪天是晚上11点前下班的,这真是太可怕了!"

"以前写代码,我可以自己掌握进度,除了系统上线之前需要赶一下进度,其余的时间我几乎每天都可以准时上下班,还可以去运动、陪女朋友、陪爸妈,想要进修也有时间。我现在超后悔,目前除了上班什么事情也不能做,我觉得很不适应,我想要回到以前那种可以准时下班的生活。"

"那你向你的主管反映过你的状况吗?"

"我和他提过,他说我想转产品经理,这是必经的过程,他要我不要想太多,有想的时间不如赶快去做事,撑过第一个项目就好了!可是,我感觉我已经等不到第一个项目面市了,因为我现在就快撑不住了呀……"

米歇尔的状态，其实是职场人很常见的一种状态。等一件事情做到熟练以后，就想要挑战自己、跳出自己的舒适圈，这是很棒的事情。企业也给了米歇尔机会，指派新的任务给他，要怎么确保米歇尔能够应对挑战呢？

调整领导风格，达到最佳效果

1969年，行为科学家保罗·赫塞与肯尼思·布兰查德共同提出"情境领导理论"（Situational Leadership Theory）。该理论强调，领导者应根据被领导者的成熟度水平（包括工作能力和工作意愿）来灵活调整领导风格，以达到最佳领导效果。比如面对工作能力强但工作意愿低的员工，领导风格需要从指令型转向支持型。情境领导理论为管理者提供了实用的领导策略，使管理者的领导方式能更好地适配员工发展阶段，在全球范围内广泛应用于企业管理培训、人力资源开发等场景。

如何判断员工的成熟度水平？

成熟度水平指的是：员工（被领导者），要完成某项特定工作时所表现出来的工作能力和工作意愿程度。其中工作能力方面主要考察被领导者对工作任务的认知程度、技能掌握程度以及解决问题的能力。具备较高工作能力的被领导者，熟悉工作流程，能熟练运用相关知识和技能完成任务，遇到问题时也有较强的分析问题和解决问题的能力；而工作能力较低的被领导者，对工作任务缺乏清晰的认识，尚未掌握必要的工作技能，在面对问题时常常不知所措。例如，在软件开发项目中，经验丰富、能独立完成复杂功能模块开发且善于解决技术难题的程序员，工作能力较强；刚入职、对开发工具和项目架构了解有限，在完成简单任务时都需要较多指导的新手程序员，工作能力则较弱。工作意愿方面涉及被领导者对工作任务的积极性、主动性和自信心。工作意愿强的被领导者对工作充满热情，主动承担责任，遇到困难时也有克服困难的决心和信心；工作意愿弱的被领导者则对工作缺乏兴趣，态度消极，逃避责任，对自己完成任务的能力缺乏信心。比如，在销售团队中，积极拓展客户、主动学习销售技巧、渴望达成销售目标的销售人员，工作意愿较强；而总是等待客户上门、不愿意学习新销售方法、对完成销售任务感到焦虑和恐惧的销售人员，工作意愿较弱。依据工作能力与工作意愿的强弱，将工作能力和工作意愿进行组合，可把被领导者的成熟度水平分为4种类型：R1型、R2型、R3型、R4型。

▲ 工作能力 / 工作意愿矩阵 ▲

工作意愿程度强

R2 型工作能力弱、工作意愿强	R4 型工作能力强、工作意愿强
R1 型工作能力弱、工作意愿弱	R3 型工作能力强、工作意愿弱

工作能力程度弱　　　　　　　　　　　　　　　工作能力程度强

工作意愿程度弱

R1 型的员工，工作能力弱、工作意愿也弱。员工处于没意愿、没能力，缺乏意愿与信心的状态。

R2 型的员工，工作能力弱，但工作意愿强。表示员工现在虽然缺乏执行工作的必要能力，但有信心与意愿去完成工作。

R3 型的员工，工作能力强，但是工作意愿弱，表示员工具备完成一项工作的能力，但缺乏意愿或信心去完成工作。

R4 型的员工，工作能力强且工作意愿强，代表员工既有能力也有意愿去独立完成一项具有挑战性的任务。

管理前，先澄清员工真正的问题

以上述的米歇尔为例，当他主动跟主管提出对自己职业生涯的规划时，可以说他对挑战产品经理一职，是具有高度的工作意愿。但他是属于 R2 型工作能力弱但工作意愿强，还是 R4 型工作能力强且工作意愿强的员工呢？

要做出他具不具备当产品经理的准确判断不是基于他之前工程师的工作做得好不好，而是基于他转调到产品经理岗位，接手项目时的表现来做判断。

作为一个新手产品经理，主管在做决策之前，如果让米歇尔知道自己还需要充实哪些能力或相关认知，不但可以让米歇尔日后工作得更加顺利，也能让米歇尔维持强工作意愿。这是主管在员工转岗的过程中，可以主动协助员工的地方。

在情境领导理论中，被领导者的成熟度水平是决定领导风格的关键因素，依照员工不同的情况，主管也要运用不同的手法对员工进行领导，这样才能让员工创造最佳的业绩。

在澄清问题的阶段，主管首先要弄清楚员工遇到的问题，属于意愿问题还是能力问题。先厘清问题，才能在后续的行动中，给予员工有效的协助。

例如上文中米歇尔的主管，当米歇尔在新的岗位遇到困难后，向主管反映自己遇到的困境，主管鼓励米歇尔，让他先聚焦在推动工作进展上的方法是很不错的。但是如果按照情境领导理论的原则来看，米歇尔的主管要视员工的成熟度水平进行领导方式的灵活调整，不能只用一招来领导所有的员工。

米歇尔在产品经理这个岗位上，已经撑了一段时间，显然不能只用鼓励打气来解决米歇尔目前遇到的问题，而是需要协助他厘清导致出现这种困境的原因，协助他做出突破。让他感受到能力的提高，后面才能让他继续维持对工作投入的强意愿。

如果换个角度，先让米歇尔说说他自己的担心，分析他的瓶颈与压力，让米歇尔自己找到解决问题的方法，这样会不会帮他更好地树立信心呢？

我点了点头，继续问米歇尔："是啊，除了下班时间太晚，你对产品经理的工作内容，感觉怎么样呢？"

"工作内容我是很喜欢啦，真的可以接触各个部门的同事，甚至外部公司的人员，也要和生产厂家联系，我可以居中协调很多事情，推动大家工作的进展。这样说起来也是很有成就感啦，但是也要所有人员配合呀。无奈的是我们常常要开无效的会议，我就对这些无效的会议提不起兴趣。"

"无效的会议，怎么说呢？"

"虽然我是产品经理，但是我没带团队，也没有决策权，跨部门沟通的时候，很多同事不配合我呀。我需要被主管授权才能在当下做决定，不然别人应该也会觉得跟我开会是在浪费他们的时间吧！"

"所以听起来，你对产品经理的工作内容是喜欢的，只是对事情的顺利推动，以及跨部门的高效沟通还找不到好的方法，是这样吗？"

"是呀，我喜欢帮大家解决问题，大家也觉得跟我能够进行很好的沟通。只是总没办法自己做决策，总是在评估，感觉很不好……"

米歇尔的表情终于没那么严肃了，他好像找到了产品经理这个岗位让自己心烦的原因，并开始认真地跟我讨论，要怎么向主管报告各个阶段的产出，如何让自己有更多的决策权，好让项目能够继续往前推进。

没有最好的领导，只有适合解决员工问题的领导

有时候，主管会用自己的经验，直接根据员工的问题给出一个解决方法。但是对正在适应新的岗位、在新的岗位探索的员工，和员工一起讨论并找出问题的解决方法的过程，对员工也是很重要的学习过程。直接给员工一个解决方法和给予员工探索的空间这两种方法，主管要怎么选择呢？

布兰查德说，没有最好的领导方式，只有相对适当的领导状态。主管在辅导员工时会遇到的第一个挑战，就是有时候要放下自己习惯的、顺手的领导方式与沟通方式。多询问、多引导，让员工在主管的提问与引导当中，一步步想清楚自己的问题。

澄清问题的阶段，是主管在与员工建立信任后，开始协助员工面对工作中的问题的阶段。主管开放的引导态度，也会继续深化彼此之间建立的信任感。

在澄清问题的过程中，主管要注意，不要太急：不要太急着做判断，不要太急着给答案。

不要太急着做判断，这样你可以自己先暂时脱离一下主管的角色，换位思考：我在他这个年纪、资历时，在信息有限、时间有限的情况下，要完成很重的任务，我的感受是什么？我的想法是什么？我会如何思考并采取行动？我希望我的主管怎么指导我？

不要太急着给答案，我们可以多用开放式的问题，进一步了解员工行为背后的重要的心理因素。

也许你会问，每种问题都适合运用澄清问题的方法吗？根据我的经验，澄清问题这个方法特别适合在"非紧急状态"，或是"事后检讨"的时候运用。也就是说，如果这件事情需要主管迅速做判断，或者出现了对员工或公司整体的安全有危害的紧急情况时，那主管就需要先解决问题。

但是即使是这类紧急事件，在处理完紧急事件后，主管还是可以持续跟员工建立关系，再一步一步地带着员工逐步澄清问题。

通过事后的澄清问题，大家一起复盘、总结，这是最好的进步机会。员工也能够通过主管的引导，练习着为自己的问题找到答案。俗话说"授人以鱼不如授人以渔"，这个授，不见得是下达一个口令、发出一个动作，也可以是引导式的，陪伴员工一起进行探索，让他在找答案的过程中得到成长。

盘点团队员工的工作能力/工作意愿矩阵

那么，是不是对待每个员工都要用同样的方式呢？每个人的时间、精力都是有限的，主管的时间跟精力，也是公司的重要资源，需要妥善地配置与使用。建议你可以用情境领导理论，将部门人员的状况进行一个初步的盘点。

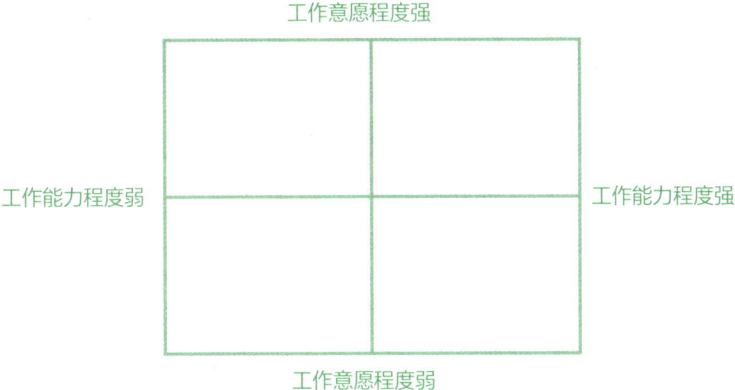

▲ 工作能力/工作意愿矩阵 ▲

盘点完部门内员工的大致情况后，主管就拥有一份员工成熟度水平的"地图"，这份"地图"能让主管在指导员工的过程中，更明确地了解员工是需要提高自身的工作能力还是需要增强自身的工作意愿。然后有针对性地对员工进行回应与指导。

3 - 2
如何找到诱发问题的关键事件？

当员工觉得主管不公平而关闭沟通的大门

薇薇安打电话来咨询我，她不知道自己年后是否要离职，重新找一份工作。因为她最近工作得非常不开心，每天都不想上班，晚上也睡不好。她想要转行去做保险，自由自在，也许收入不是这么高，但至少心情会比较好。

不过，她的家人、朋友都劝她不要冲动，这也让她疑惑起来，她这样的决定，是正确的决定吗？

我问她，发生了什么事情，让她觉得非要转行不可。她说她是生产线的组长，去年她负责的生产线良品率是全部门第一名，业绩也是第一名，但要发奖金的时候，主管居然对她说，因为她已经连续领了好几年的奖金，职务等级和薪水也比其他组长高，要她把领导奖的奖金分一点出来给其他组的组长。薇薇安简直要气炸了，那是她自己努力拼来的奖金，为什么要分给别人？那她这么拼是为了什么？那以后业绩不好是不是等别人来帮忙就好啦！

她觉得主管不公平,也觉得自己一路走来都是靠自己一个人,工作怎么都做不完,还要一直被评比。她对自己的要求很高,每天都早出晚归,清楚地记录交班情况,对每个环节都主动追踪。虽然现在每次的考核都能超标完成,但她也很担心有一天自己万一考核不达标,那时候主管会让别人分些业绩给她吗?

现在薇薇安凭借自己的能力还能够应付这些考核,但那是牺牲掉自己很多私生活的时间换取的,她连家人都没时间陪,就这样一路拼过来的,薇薇安对现在的生活很不满意,她觉得没有私人时间,也觉得主管的做法对她是种剥夺,也不尊重她的努力。

问题本身,往往不是真正的问题

探讨关系的专家维吉尼亚·萨提亚认为:"问题本身不是问题,我们怎么面对问题,才是问题。"

她也相信,每个人都可以不停地成长,也都拥有持续接受新事物的能力。她用冰山来进行比喻,她认为我们每个人都像一座冰山,对外呈现出的行为,只是冰山一角。

我们的表面行为之下隐藏着复杂的心理过程和情感因素。

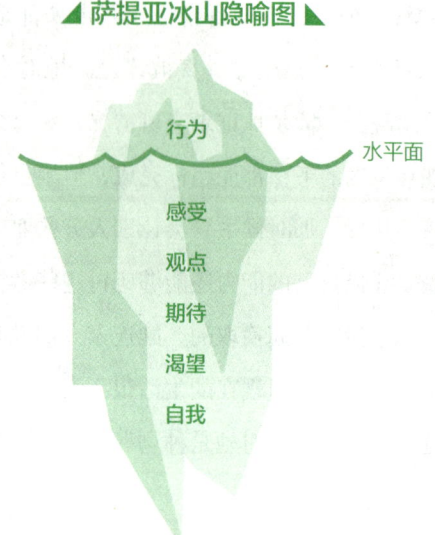

- 行为，是外显出来的具体行动。
- 感受，是我们身体对事件的反应。
- 观点，是我们对一件事的看法、信念。
- 期待，包括我们对自己、对他人的期待。
- 渴望，包括渴望安全感、被爱、被他人接纳、被他人尊重、有意义感等。
- 自我，是人内在最核心、最根本的力量。

例如，薇薇安外显的行为是：每天不想上班、晚上也睡不好、打算离职。她对主管行为的感受是愤怒、不满。薇薇安更深层的感受是委屈、沮丧。她的观点是主管不公平。而她期待主管能公平地给予她应得的奖金、自己的付出能被肯定，也期待能够平衡工作与生活。她渴望自由自在，可以兼顾工作与生活，也渴望被爱、被尊重。自我是她看待自己的价值，薇薇安希望她是她自己，她是有价值的。

薇薇安的冰山

行为	• 每天不想上班 • 没时间陪家人 • 打算离职，被亲友暂时劝退
感受	• 不被尊重 • 愤怒 • 不满
更深层次的感受	• 委屈 • 沮丧
观点	• 主管应该公平地对待她
期待	• 主管能公平地给予奖金 • 自己的付出能被肯定 • 能够平衡工作与生活
渴望	• 自由自在 • 可以兼顾工作与生活 • 被爱、被支持、被关心
自我	• 我是有价值的

我们不能只看员工的外显行为，也要更深入地去了解他潜藏的内在想法是什么、感受是什么，这样才能真正理解员工外显行为背后真正内隐的动机。

在一连串问题中，藏有了解员工的钥匙

从薇薇安的角度来看，她目前遇到了一连串的问题：

- 工作不开心，每天不想上班
- 工作不自由
- 主管不公平，要把自己的奖金分给另一位业绩差的同事
- 工作怎么做都做不完，还要一直被考核
- 目前工作能力还能应付考核，担心有一天达不到考核要求
- 为了工作牺牲掉生活，连家人都没时间陪
- 对生活很不满意，没有私人时间

你认为上述的这些问题中，哪个会是关键问题呢？

看到这么多问题，你会觉得有点复杂吗？其实人本来就是复杂的，想法、情绪、行为之间，彼此联动，彼此影响。

有时候我们看员工遇到的问题，像一环扣着一环的绳子，加上年代久远，这根绳子仿佛打成了死结，不知道从什么地方拆解。

这时候，如果只是从员工的行为着手，却没有了解员工内在的动机，下一次员工很可能重复出现同样的问题，治标不治本。

就像玩拼图一样，我们要先把所有的零件摊开来，运用冰山理论，逐步找到对方的期待是什么、观点是什么、感受是什么，只有找到对方在意的核心点，才能激发对方的潜能，带动对方由内而外的改变。

萨提亚的冰山隐喻，不是要我们改变对方，而是给我们提供了一串了解员工的钥匙。

有时候，或许员工都还不太清楚自己内在的想法。这时候，就需要主管能够成为一名向导，陪员工一起探索他处在水平面下的冰山是什么样，了解他的盲区，了解他对工作的期待，了解他价值感的来源，了解如何让他获得成就感。

运用冰山隐喻，理解员工的内在动机

陈茂雄把冰山的隐喻简化为下图。

▲冰山隐喻简图▲

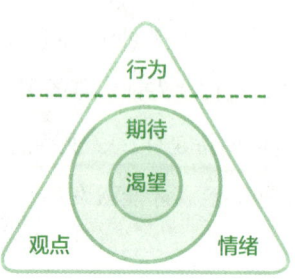

在上图中，水面下冰山的层次，被简化为以渴望为核心，期待、观点、情绪为周边的共4个部分，这张图可以让主管更容易着手帮员工澄清问题。我们试着根据冰山隐喻简图的层次分析一下薇薇安的状态。

行为	• 每天不想上班 • 没时间陪家人 • 打算离职被亲友暂时劝退
观点	• 主管应该公平地对待她
情绪	• 愤怒、不满、委屈、沮丧
期待	• 主管能公平地给予奖金 • 自己的付出能被肯定 • 能够平衡工作与生活
渴望	• 自由自在 • 可以兼顾工作与生活 • 被爱、被支持、被关心

当然，我们也可以用其他不同的角度进行分析，例如从薇薇安的工作、生活两个角度来分析。

薇薇安工作中的不满包括：

- 工作不开心，每天不想上班
- 工作不自由
- 主管不公平，要自己把奖金分给另一位业绩差的同事
- 工作怎么都做不完，还要一直被考核
- 目前工作能力还能应付考核，担心有一天达不到考核要求

薇薇安生活中的不满包括：

- 为了工作牺牲掉生活，连家人都没时间陪
- 对生活很不满意，觉得都没有私人时间

下面从只涉及薇薇安自己以及涉及他人的角度来分析。

涉及薇薇安自己的内容包括：

- 工作不开心，每天不想上班
- 工作不自由
- 工作怎么都做不完，还要一直被考核
- 目前工作能力还能应付考核，担心有一天达不到考核要求

- 对生活很不满意,觉得都没有私人时间

涉及他人的内容包括:

- 主管不公平,要把自己的奖金分给另一位业绩差的同事
- 为了工作牺牲掉生活,连家人都没时间陪

这样一项一项地列举,不是要让问题复杂化,而是通过分类、思考的结构化过程,让我们可以有换位思考的空间。

以员工的立场,去思考员工为什么会面临这类问题,试着找出对员工来说真正重要的关键事件。

分类的目的是简化问题,找到问题之间的相互关系,而不是给员工贴标签,也还有更多不同的分类角度,这些分类没有好坏对错,只是让我们有更多不同的角度,了解员工的内在感受,探索员工最在意的点是什么。

向员工核实问题,而不是给员工贴标签

如何知道自己是在向员工核实问题,而不是在给员工贴标签呢?在澄清问题的过程中,主管可以开放式地思考,多探讨一些水平面下的冰山中各个层次的问题,除了在探索的过程中主管能

持续建构对员工的认识、与员工建立更深入的关系，还可以获得更多信息，更好地协助员工开展后续的行动。

很多时候，主管会直接给员工提建议，久而久之，员工可能失去思考的能力，反而产生依赖的心理。

通过提开放式的问题，引导员工从不同的角度来分析遇到的问题，在回答问题的过程中，员工会开始自己找答案，慢慢地累积自我觉察的经验。

薇薇安和我讨论完以后，她发现自己在过去这段时间里的种种感受其实是自己在和主管闹别扭，外在的表现就是她不想和主管说话，因为对主管有期待，期待主管看到她的好表现，能给她公平的肯定，所以薇薇安会对主管的决定感到愤怒。但她最过意不去的，其实是内在对自己的失望感！

薇薇安是个能力很强的人，她希望自己能把工作和生活打理得井井有条。但是实际上呢？工作占用了她太多的时间，在生活上她很少有自己的时间，好不容易有了和家人相处的时间，大家多半时间又在吵架，她觉得自己在工作上、在生活上都费了好大的力气，却没办法让任何人感到满意，所以感到很灰心。

当薇薇安发现，其实她心里最渴望的是对生活、对自己满意的时候，她开始找到了下一步行动的方向。

那个方向不是跟主管或同事争对错，而是要将自己的需求列为最优先处理的等级，把"自己"放进行事日程里。首先满足自己的需求，再围绕自己的需求做出合理的规划。

从那以后，薇薇安脸上的笑容变多了，加班的时间变少了，但她不论是在工作执行的效率上，还是情绪的稳定性上都有提高。她也主动跟主管确认清楚了自己今年的年度业绩指标，并表达希望主管能够对自己取得的业绩成果给予公平的奖励，主管表示理解，也立刻在部门会议上，公开表扬了薇薇安近期的工作表现。

读懂员工的内在

过去的薇薇安，形容自己的各种负面念头，就像打地鼠游戏中的地鼠一样，总是从各个角落里不断冒出来。现在的薇薇安知道要找到自己的工作节奏，感觉到冒出的负面念头就轻轻放掉，只为当下的目标努力。

职场上，因为彼此的角色、所处的位置、所获得的信息、所拥有的资源有差异，主管其实很难做到绝对的公平。主管可能认为自己很公平，但站在员工的角度，可能是完全不同的感受。特别是业绩，不仅是员工努力的成果，还会影响员工的升迁与否、奖金多少，会对员工利益造成直接的影响，在处理员工业绩相关的事情时，主管要多从员工的角度思考，做事前也要特别谨慎，才能尽量避免后续带来的问题。

当员工遇到的问题很多时，主管先去分类问题、确认问题，只要找到关键的一步,很多问题就可迎刃而解。

只要我们读懂他人的内在,那就有改变他人的可能。你也可以用前文 1-1 到 3-1 的案例作为练习,开始一趟了解他人内在冰山的旅程。

▲ 冰山隐喻检视表 ▲

行为	
感受	
观点	
期待	
渴望	
自我	

3-3
员工需要的是直接提供最佳解吗？

减少员工工作量，员工不一定领情

"每个人都告诉我做不到，当个产品经理为什么这么难？为什么？为什么？为什么？"

前文案例中的来访者米歇尔，在主管的鼓励下，继续在产品经理的位置上打拼。认真的他，总是在开会前努力完成缜密的规划，积极协调各部门同事一起努力，他在工作日几乎没有一天早于晚上10点下班的，有时候节假日也要去公司赶工作进度。他的辛苦，主管都看在眼里，于是减少了他的工作量，让他更专注于手头这个重要项目，也希望他调整一下工作方法。

米歇尔对自己要求很高，也一直抱着使命必达的信念，努力地工作。主管对他说的这番话就像是压垮骆驼的最后一根稻草，他觉得自己压力大到快要爆炸，而主管却不了解他在工作中遇到的困难，也没有肯定他的努力与付出。

"我们跟其他部门的同事开完会，我会一条一条地把我们在会议中讨论的事项以及要达成的目标记录下来，我已经做得很详细了，但是参加会议的同事根本不看会议记录。每次开完会后，他们还是按照自己的想法去办事。

"每次看到他们交来的结果，我都觉得快要被气死了。到底是我的表达方式有问题，还是对方的理解能力有问题？我在协调的过程中付出的努力，主管都不知道，他只看到结果不好，就说我的方法不对，导致结果不好。但是要怎么做呢？我已经很努力地在试着和每一个人沟通了。可能我的能力有问题吧！

"我的主管说的好听是授权给我，我有最终的决定权，但是和别的公司开会的话，都是那些公司老板直接出席会议，能够直接做出最终的决定，我虽然有所谓的决定权，但是在会上做出的决定，会后主管还是会提出自己的意见，然后又要开始新一轮的开会、做决定，对方就会觉得我没有决定权，这样的处境，真是让我感觉腹背受敌！

"天哪，当个产品经理怎么这么难，人实在是太复杂了！我每天都想离职，一想到上班就会觉得人生很黑暗，我觉得自己快撑不下去了。"

4 种问题类型与 4 种领导方式

再看一次我们在前文提到的工作能力 / 工作意愿矩阵，你认为米歇尔目前的状态，属于 R1 型—R4 型中的哪一个类型呢？

▲ **工作能力 / 工作意愿矩阵** ▲

	工作意愿程度强	
工作能力程度弱	R2 型工作能力弱、工作意愿强	R4 型工作能力强、工作意愿强
	R1 型工作能力弱、工作意愿弱	R3 型工作能力强、工作意愿弱	工作能力程度强
	工作意愿程度弱	

米歇尔的主管，看好米歇尔有勇于担责的工作态度，写程序的能力也很强，便认为他有意愿也有能力去独自挑战并完成新的任务，将他列为 R4 型的员工。R4 型的员工具有很强的意愿，也有很强的能力，主管在管理上只要提供充分的授权，给予他鼓励，R4 型员工应该是最容易领导的一类员工。

但是，为什么米歇尔却认为他并没有得到主管的肯定，主管的评论是压垮他的最后一根稻草呢？

在情境领导理论中，R1 型—R4 型的员工分别对应着 S1 型—S4 型这 4 种领导方式。

S1 型:告知式领导方式

面对工作能力弱、工作意愿弱的 R1 型员工,主管采用告知式的领导方式,"明确告知"员工各项工作的具体做法,例如和谁、在什么地方、要做什么事情,并确保员工对任务的理解到位。主管对员工的工作介入深,员工个人的发挥空间少。

S2 型:说服式领导方式

面对工作能力弱、工作意愿强的 R2 型员工,主管可以采用说服式的领导方式,即主管除了要随时盯着员工的工作进程,也需要抛出一些问题,迫使员工进行思考并找到答案。主管在下指令时,可以对自己下的指令背后的动机进行说明,让员工了解主管的思考脉络,同时给予员工表达自己想法的机会。从行动→思考→整合→再行动当中,逐步使员工的能力得到加强。

S3 型:参与式领导方式

面对工作能力强、工作意愿弱的 R3 型员工,主管可以采用参与式的领导方式,具体来说就是进行双向沟通:和员工共同讨论与任务有关的想法,支持员工提出的做法。使用共同决策的方式,提高员工在决策时的参与感,并使员工明确了解自己要承担的责任。

S4 型：授权式领导方式

面对工作能力强、工作意愿强的 R4 型员工，主管可以采用授权式的领导方式，定好目标以后，让员工自己试着去找出解决问题的方法。授权式领导方式，并不意味着主管对员工放任不管，而是给予员工信任，让员工有机会独当一面。

米歇尔为什么会有挫败感呢？因为他在解决问题的过程中卡住了。再加上米歇尔也不太知道如何向主管求教，慢慢地他就感到肩上的压力越来越大。

当主管觉察到员工在工作中遇到了瓶颈，主管可以用引导的方式，引发他的认同。也可以运用在前文中提到的教练的角色，用开放式的问题，让员工从不同的角度进行思考，协助员工突破工作瓶颈，持续成长。

▲ 情境领导方法 ▲

工作意愿程度强

	R2 型工作能力弱、 工作意愿强 S2 型说服式	R4 型工作能力强、 工作意愿强 S4 型授权式
	R1 型工作能力弱、 工作意愿弱 S1 型告知式	R3 型工作能力强、 工作意愿弱 S3 型参与式

工作能力程度弱　　　　　　　　　　　　工作能力程度强

工作意愿程度弱

特别对刚接到任务的新手来说，主管在员工能力养成的过程中，除了评估他以往的业务能力，也要对他能否担任新职务的能力进行评估。例如：员工因为表现杰出，自己也有意愿，被指定为培训新员工的种子老师。员工自己的学习能力和教好别人的能力，这是两种不同的能力。那主管何不助力一下，运用导师或教练的角色，进一步协助员工突破可能存在的瓶颈？

接手一个大型项目，作为新手，米歇尔的表现算是可圈可点。专业技术可以花时间精进，对工作抱有的积极态度才是无价之宝。所以，如果你是米歇尔的主管，你会继续维持现状呢，还是会出手协助员工呢？

主管需要针对不同类型的问题调整领导方式

转为管理岗的米歇尔，在协调沟通的技巧方面的确有需要调整的地方。米歇尔的主管可以先抛出一些问题，来和米歇尔探讨他在新岗位遇到问题时做过哪些尝试、想达到的预期是什么，最后的结果与预期是否有差异。

主管可以这样提问：

"你觉得合作方这样回应的原因是什么呢？"

"你觉得现在最先要完成的一项工作是哪一项呢？"

"你尝试过哪些方法来加强与对方的沟通呢？"

作为员工，在工作中能够有前辈带，遇到问题时可以向前辈请教，通过听取前辈的经验，员工可以减少很多无谓的摸索以及降低遇到挫折的概率。

主管可以创造一些能够协助员工精进的机会。例如：如果事先知道，别的公司的主管会出席会议时，自己最好也参加会议，这样双方参加会议人员的头衔、职位对等，提高专业对话的效率，也能让员工一起学习沟通，学到跨部门的沟通方式。

如果想要放手让员工锻炼，在会议开始前主管可以花几分钟，跟员工重点说明一下目前的阶段、工作中可能遇到的问题，让他对现阶段必须掌握的重点更清楚明了。

当然，也要和员工沟通好项目进度的节点、需要报告的频率等，让员工愿意、放心地把主管当成教练。

"顾问，我解脱了！我的项目终于要收尾了。目前初步验证的结果还挺不错的，我终于可以安心回家睡觉了。"

"啊！恭喜你，你是怎么办到的呢？"

"我就每天追赶进度，我把工作任务拆分到每一天。每天早上我就发短信提醒大家今天要完成的任务是什么，中午吃饭的时间，我就过去找他们一起吃饭。下午再过去追问一下大家的工作进展。"

"你真的很不容易呢，你以前当工程师的时候，和其他的产品经理合作过吗？"

"有哇！"

"那你当时是怎么跟对方合作的呢？"

米歇尔看着我，突然间笑了起来。

"哈哈，我那时也是一副死德行呢，能拖的活儿我就拖呀。"

"哈哈，那你当工程师的时候，和产品经理在什么方面的目标是一致的呢？"

"应该是赶快完成项目吧，这样大家可以赶快解脱，我想这是我们共同的目标。"

"所以你要做的是让你的目标怎么样变成大家的目标，这样就不需要你一个人努力地推着大家往前走了。"

"我懂了，是方式方法的问题，不是能力的问题。站在其他人的角度来看，他们只是配合我做事情，他们想要的只是做完这个事情，而不是要求最佳解。但因为客户的要求会不停地发生变化，有时在前期的要求是这样，到了后期要求又会变成那样，这样的话，真的是让大家做了很多的无用功。这样一想，真是很感谢大家对我的包容，还好最后项目顺利完成了！"

有时候不一定要马上解决问题

员工再有能力与冲劲，有些经验还是需要经过时间慢慢累积的。

主管辅导员工时，有时也要愿意等待员工慢慢成长，要掌握技巧，要有耐心，通过观察与指导，才能享受员工成长时的那一刻的喜悦。

澄清问题的时候，我们通过衡量员工的工作能力与工作意愿，初步盘点了部门员工的状态，并通过冰山理论了解员工外显行为背后真实的内心诉求。

在下面的章节中，我们一起来看看，在展开行动前，还要为员工进行什么样的厘清与准备工作。

3 - 4
主管如何及时发现员工存在的风险并支援？

主管请记得，你也可以有支援

我听过许多主管向我吐露他们的难处：员工患有抑郁症，不堪压力负荷，要怎么面对这种情况呢？

我想，这真是一个两难的境遇。公司要求业绩，而员工面对业绩考核会有压力，压力过大可能引发病情加重。我们怎么把握这个度，让员工在一定的压力下成长，而不是被压力压垮，这时主管可以运用安全网络的概念来协助员工。可以通过以下的问题来建立安全网络：

- 员工平日的兴趣爱好有哪些？
- 他的出勤表现正常吗？他在家中的作息情况如何？
- 公司里哪些人跟他比较谈得来，能给予他一些开导？

- 他跟家人的关系好吗？是否有兄弟姐妹？
- 他是不是一个人背井离乡来工作？他一个人独居还是跟家人一起住呢？
- 他目前的健康状况是否有相关的就医记录？目前有固定服用的药物吗？

最后一点，非常重要。人遇到不同的事情都会有情绪反应，有情绪是很正常的。情绪方面的疾病首先需要医生的专业诊断，如果确实有情绪方面的疾病，那么也需要患者积极进行治疗，遵照医嘱，避免病情恶化。如果员工确诊了情绪方面的疾病，那么主管需要持续关注员工的身心健康，帮助员工建立良好的人际关系，除了日常对员工的关怀，也可以提供相关的医疗资源给员工。

无论是员工还是主管，如果有情绪方面的疾病，最忌讳的事情就是将自己封闭起来，独自扛下所有，不向外界求助。

以下的健康评估表，由中国台湾大学李明滨教授等人研发，有助于大家了解自己的情绪状态。

健康评估表

	完全没有	轻微	中等程度	严重	非常严重
1. 睡眠困难，难以入睡、易醒或早醒	0	1	2	3	4
2. 感觉紧张不安	0	1	2	3	4
3. 容易苦恼或动怒	0	1	2	3	4
4. 心情低落	0	1	2	3	4
5. 觉得自己哪里都比不上别人	0	1	2	3	4
6. 有自我了结的念头	0	1	2	3	4

健康评估表得分结果

得分 0—5 分	状态良好
得分 6—9 分	情绪轻微低落，建议给予员工情绪方面的支持
得分 10—14 分	建议寻求心理咨询
得分超过 15 分	建议到医院就诊，借助药物来进行干预，同时进行心理咨询

主管平时就要注意员工发出的信号

我们对天气可能出现的风险，会希望有天气预报来帮我们掌握状况，这样我们就能提前做好应对的方案。对员工的状态也是。平常对员工的行为、家庭状况进行了解，就能让我们提早掌握员工的异常状态，做好准备。

这时候，我们在前文中提到的建立关系就非常重要。步骤重要，时机也很重要。最好建立关系的时机，就在平时。日常关怀，可以让主管在平时的互动中，敏锐地觉察员工的身心状态。部门主管可以主动安排帮助员工排解压力的活动、课程等。

发现员工卡在了坏情绪里，就需要主管来澄清问题，主管把时间与力气花在关键点上，及早掌握员工的状况，主动关怀员工并对员工进行疏导。

当员工出现情绪问题时，主管向员工传递真心的关怀，才能接着和员工一起，展开有效的行动。

4

展开行动

4-1
如何找到改变员工行为的内在驱动力?

熬出头却不想当主管的优秀员工

30岁不到的珍妮,即使是下班后赶过来的,脸上的妆容依然很完整。年纪轻轻的她,说话的声音也轻轻的、柔柔的,脸上总是挂着微笑,让人第一眼就对她产生很好的印象。

"顾问,我们部门发展得不错,我们的大主管向公司争取到一个小小的主管职位,大主管想让我升任小主管这个岗位,可是我不太愿意当主管,大主管刚开始也同意不让我接任主管这个职位,可是没两天,她又说部门没有其他合适的人选,还是希望我接任主管这个职位,好烦哪,我不知道该怎么办。

"我真的不想当主管,但是我不知道怎么拒绝她;如果被迫让我当主管,我心里又很不愿意。"珍妮一脸苦恼,微蹙着眉头说着。

"你这么不想当主管的主要原因是什么呢?是怕自己的能力不够吗?"

"工作能力方面还好,因为大主管有时候请假或者出差的时候,我就是她的职务代理人,平时我也会协助大主管处理一些业务上的事情,所以不是工作能力的事情。"

"那是其他的原因?"

"是的,大主管虽然说不会逼我接任主管这个岗位,但她其实已经开始要求我分担原先她负责的一部分工作了。这让我很不安。临时帮她没什么问题,但我担心,如果现在我把原来她负责的这一部分工作做好后,这部分工作将来就都由我来做了,那可不行。工作只是我生活的一部分,我只想做好自己的工作。可以把自己的事情稳稳地做好就好,我不喜欢指挥或麻烦别人,我也不喜欢和别人发生冲突。"

站在大主管的角度,珍妮大概属于工作能力/工作意愿矩阵里 R3 型偏 R4 型员工,有工作能力,可能也有一些工作意愿,大主管可能以为她为人谦虚,不愿意一下子就接受主管这个职位,所以大主管想要给她多一些机会,让她慢慢上手主管这个职位。

但是,站在珍妮的角度来看,她大概是 R3 型的员工,甚至当责任越大时,可能她的意愿反而会变得越弱。

珍妮的大主管应该怎么做呢?

先从员工的角度看事情

在前文中,我们提到了冰山隐喻,萨提亚女士将冰山隐喻运用在心理治疗中,从而找到员工的内在真正的想法和需求,激发员工的内驱力。主管们也一样可以通过员工的外显行为探索他们内在的动机,从而找到解决问题的办法,带动员工成长。

我们必须意识到,不同的人其实有不同的内在动机。每个人都有属于自己的那一份驱动力。要想找到员工的内在驱动力,第一步要从员工的角度出发看问题。

我们可以看看这些职场员工的新特征:数字原生代。

马克·普伦斯基提出"数字原住民"(Digital Native)、"数字移民"(Digital Immigrant)的概念。数字原住民是指那些在数字技术广泛普及的时代出生和成长起来的人群,他们与数字技术共同成长,对数字技术有着与生俱来的熟悉和适应能力。

数字原住民成长在一个数字技术无处不在的环境中。他们从幼年时期就接触到各种数字设备,如智能手机、平板电脑、个人电脑等,互联网也成为他们生活中不可或缺的一部分。社交媒体、在线游戏、数字视频等数字产品和服务是他们日常生活的常见内容。

这些出生在 20 世纪 80 年代、90 年代的年轻人,现在已经成为职场的主力军。

对工作,他们更在意工作时长与办公地点的灵活度,也更倾向于运用图像、表格的方式来呈现归纳过的信息。在工作与生活中，他们也更习惯通过网络、社交媒体等多种数字渠道快速获取信息。主管们如果继续坚持用定规矩、守纪律的方式来管理这些员工，只会和他们的距离越来越远。与其抱怨新世代的员工以自我为中心、抗压能力差、爱抱怨……不如早早学习和新世代员工相处的方法，让他们能够发挥更大的潜力。

成年之后才开始接触和适应数字技术的人群，他们在成长过程中主要经历的是传统的非数字时代，之后随着数字技术的快速发展和普及才逐渐"移民"到数字世界，多半属于"数字移民"世代。对他们而言，在童年和青少年时期，数字技术尚未像如今这样广泛普及和深入生活。比如，在他们小时候，可能家里没有电脑，电视也只支持接收有限的电视频道，没有互联网、智能手机等先进的数字设备和技术。直到成年后，随着数字技术的迅猛发展，如互联网的普及、智能手机的出现等，他们才开始接触和使用这些数字工具。

工龄更久一点的人群，在学习使用电脑与信息设备时，相对比较吃力，他们也可能更倾向使用原本就熟悉的工作方法，这些人群面对变化的不适应感就更强烈了。也有人笑称，这群人是"数字难民"。他们被组织系统化、信息化的变化推着走，在没有意愿学习或学不会的情况下，只能选择退休或是转行。

人是被环境潜移默化影响的，世代之间对数字产品的使用能力有差异，这些差异也会导致他们的思维方式与反应速度的差异。通过网络搜索引擎、社交媒体等多种数字渠道快速获取信息的能力，能够同时处理多项数字任务的能力，在思考和表达时更善于运用视觉化手段的特点，让新世代的员工有了更跳脱的思维模式。主管们想要领导新世代员工，就必须了解跨世代员工的特点，了解他们的价值观，这样才能找到适合管理他们的方法。

用对方觉得好的方式，对对方好

珍妮遇到了一个很好的大主管，愿意培养她为自己的接班人。主管一般在培养接班人的时候，想让员工采取更积极的工作态度，平时除了考量员工的工作能力，也要观察员工是否有前瞻性等。大多数主管会认为升迁意味着对员工能力的肯定，而且员工一定会很乐意升迁。但实际上，不是每个人都想升迁。

像珍妮，她工作表现优秀，是因为她想准时下班，所以不管主管派给她多少工作，她总能找到最佳方法，在规定的时间内高效地完成主管派给她的工作。也就是说，从珍妮的角度出发，她的目标是找到最快捷的完成工作任务的做法，对她来说，平衡工作与生活才是优先考虑的事情。

而珍妮的大主管，看到了珍妮的能力，却忘了先搞清楚她的个人意愿。大主管兴冲冲地和上司争取到基层主管的职位后，员工却表示没有意愿接任这个职位，不难想象大主管身处的尴尬境地。

了解彼此的意愿，找到最佳方法

"顾问，这几个星期我努力过，但是我真的很抗拒，我完全没有想要接任主管这个职位的想法。我感觉自己最近都不想上班，如果大主管一定要强迫我接受这个职位，我想我会考虑离职。这不是我想要的职业发展方向。我只希望每天安安心心地做好自己的事情，每天准时上下班。"

珍妮不断地重复她不想接这个职务，语气也越来越急，仿佛怕自己说不清楚，需要再三强调她不愿意接这个职务的意愿，我好奇为什么她不想升任主管这个职位，也好奇她是如何与她的大主管沟通的。

"我想你对自己的工作发展有很明确的想法。你觉得大主管为什么要提拔你呢？"

"我知道主管是为我好，她觉得当主管对我来说是一种肯定，她也说过看见我和大家相处得很好，别人遇到问题也都向我请教，她说如果我当了主管，那么我的经验可以传给部门的所有人，这样整个部门的表现会更好。但是这个责任太大，我接受不了。我从她给我说让我接任主管一职的第一天晚上就开始睡不好，偏偏我跟家人说了这个事之后,家人也都要我接任这个职位,好像我不接这个职位就很不识抬举一样。怎么就没人问我愿不愿意呢。"

"你目前为止对工作的诉求大概是这样的,你听听我说得对不对:你想每天准时上下班、你想做好自己的工作规划、负责明确的事情、你喜欢帮助别人,但是如果你接任主管一职之后,所有的这些诉求可能都没法达到,所以你不愿意接,是这样吗?"

"对,因为我们大主管现在在公司,白天都在开会,晚上才能留下来做工作上的事情,我觉得她的身体都快垮掉了,也没有生活质量可言,我不想当主管的原因是我不想像她那样过日子,太可怕了!"

"听起来你觉得主管的工作压力很大,无法兼顾生活与工作。这是你最在意的事情。"

"是呀,我的孩子还不到1岁,我觉得家庭是现阶段我最看重的,每天准时回家照顾小孩,才是我现在最想要做的事情。"珍妮谈到孩子时,脸上的表情变得柔和起来。

"所以,你的大主管也没坏心思,只是你们想要的不太一样,你打算怎么跟主管讲呢?"

"今天和你讲完后,我觉得我更加肯定自己想要的是什么了。当然也很谢谢大主管对我的肯定。现在我们这个行业不景气,她为我争取这个职位也一定做了很多努力。我会先谢谢她,但也会很明确地告诉她至少在5年以内,我的重心都会放在家庭上,我没有升迁的意愿。但我会把自己负责的事情做好，如果有人需要帮助，我也会在我能力范围内帮助他人。我想这就是我的底线，也是我能为大主管做的事。"

"很好，能够看到对方的好意，是开展良好沟通的第一步。建议你也要留给大主管一些处理这件事情的空间。你们可以一起找找方法。"

从能够触发员工内在驱动力的对话开始

在职场上，要怎么带新生代的员工？怎么激发他们的内在驱动力呢？

用冰山隐喻来说，员工的工作能力是露在水平面上的冰山，是可见的外显行为。水平面下的冰山，则是潜藏在每个人内心的意愿。工作能力能不能达到，跟心里愿不愿意做，是需要相互匹配的。工作能力是可以逐步培养的，工作意愿则需要在主管带领员工的过程中，一点点地观察员工的做事动机、对方在意的点在哪里。

- 有些人的内在驱动力是金钱，希望好的工作业绩能够带来丰厚的奖金。
- 有些人的内在驱动力是掌握先进的技术，希望能够负责更有挑战性的项目。

- 有些人的内在驱动力是领导不同的团队、去不同国家工作，获得宏大的视野。
- 有些人的内在驱动力是每天和家人一起好好生活，能够陪伴孩子成长。
- 有些人的内在驱动力是追求工作能力上的突破，期待未来的自己能够对公司做出更大的贡献。

这些内在驱动力都很好，没有对的驱动力或者错的驱动力。主管在培养员工的工作能力的同时，也要观察一下员工的内在驱动力是什么。

例如：珍妮因为是新手妈妈，育儿对她来说是优先要做的事情。表现在行动上就是她需要准时下班回家。在她的认知里，接任主管一职可能等于无限地加班，和她优先要做的事情是有冲突的，所以她非常不愿意接任主管一职。

不管如何，事情是人在做的，把握员工的内在驱动力，更能让我们在对员工的辅导以及后续行动的引导上，产生四两拨千斤的效果。

最后给大家出一道练习题，请对照工作能力／工作意愿矩阵，花5分钟思考一下，你想要找什么样的接班人？这些可能的人选，他们的内在驱动力又是什么呢？

4-2
如何从员工过去的成功经验中找到员工可迁移技能？

再优秀的员工也可能遭遇业绩瓶颈

外部环境的突然改变，让小叶不能出门拜访客户。他之前在分公司的业绩长期保持着第一，突然之间变得什么业务都不会做了。一连几个月，他的业绩都在部门垫底，小叶因此夜夜失眠，甚至萌生了离职的念头。小叶的太太看他一下子变得很瘦，一直愁眉不展，便要求他来找我聊聊。

原来，外部环境的改变也需要他改变原本熟悉的销售方式。之前从见面三分情，勤跑现场多了解客户需求，到现在变成要做陌生的开发，公司给了一长串的名单，他挨个按照名单上的联系方式打电话，但是电话从来没打通过，面对一两个偶尔能打通的电话，他沟通起来竟然结结巴巴，话都说不清楚。

看着每个月的业绩没有起色，他已经够慌张的了。就在这个节骨眼上，居然还换了个新主管。以前的主管从来不过问他的行程，只看业绩。他的上班时间和地点非常有弹性，只要他月底能把业绩交出来就行。

但是现在的新主管强调纪律，他要求大家每天早上8点就要全员到齐开在线会议。小叶最不喜欢这样开会，因为会议内容不是发布公司新规定就是进行经验分享，对提高业绩没有一点儿帮助，真是浪费时间。

新主管不但要求大家开晨会，还要大家每天列出行程表、写下每天拓展了多少业务，还规定每天要打的电话的数量，还要做客户的满意度调查。小叶下班前，还要花时间做这些他最讨厌的文字工作，每次在做这些文字工作时，他心里都咒骂连连。

新主管看其他人业务开展得不错，偏偏只有他还在谷底挣扎，对他的态度也越来越差。小叶从业以来，哪有遇过这种不被人看好的情形，对新主管给自己的评价他也很不服气，明明是新主管的管理方法有问题！他忍不住跑去跟新主管说自己不想做这些文字工作："我是业务不是秘书！"

新主管回应他说："你以前只靠一张嘴、靠和客户的交情才能成交订单，但你对产品根本不了解。我们的产品对提高大家的免疫力很重要，你要去推销我们产品的特性，不能只用老办法开展业务，业绩不会从天上掉下来。"小叶对完成业绩很没信心，现在一想到要开部门早会，他就觉得主管要当着其他同事的面责备自己，他都开始怀疑起自己是不是再也不会做业务了。

从员工过去的成功经验中，找到解决新问题的方法

从 2020 年开始，外部大环境的变化，对管理者的管理水平提出了考验。大家要跳出自己的舒适圈，找到新的应对问题的方法。当外部环境改变时，主管如何辅导与帮助员工适应新环境，让员工做出适当的改变，如何协助员工找到解决新问题的方法，让员工建立克服困难的信心……这些都是主管需要做的。

我们一起看看小叶的这位新主管的管理方式有哪些地方可以改进。要协助员工，我们先从小叶的角度出发，看看他目前遇到的问题都有哪些：

- 原来熟悉的见面三分情、多多拜访客户、多了解客户需求，到现在多半要做陌生客户的开发。
- 按照公司给的名单，一个个打电话给客户。
- 电话多数打不通，打通的电话，他和客户沟通时结结巴巴。

以上这些变化对小叶来说，是新的挑战，他以前的相关能力没有办法顺利用在新情况上，导致他从工作能力／工作意愿矩阵中的 R4 型工作能力强、工作意愿强型员工，变成 R2 型工作能力弱、工作意愿强型员工。这时主管除了设立新标准对员工进行督促外，也要适时指导员工，协助员工从过去的成功经验中找到可以应用在新情境中的方法，保持信心，继续尝试有效的努力。

我们想一下，小叶遇到这些问题的原因是什么：

- 销售方法改变：从勤拜访客户的面对面销售，变成电话销售。
- 销售对象改变：从原本熟客销售，改为陌生客户的开发。
- 直属主管改变：管理方法、要求也都发生变化。
- 汇报方式改变：原本不愿意做也不用做的文书工作，现在变成要天天做。
- 自信程度改变：打电话时结结巴巴，开始怀疑自己不会销售。

我们再看一下小叶的新主管对员工的要求：

- 强调纪律：每天早晨 8 点钟开线上会议。
- 强调过程：列出每日行程表、业务开发的进度记录。
- 以结果为导向：对待团队里业绩落后的员工的态度越来越差，给予员工很大压力。

对比之后就能发现，主管要求小叶做的和小叶的一贯做法是在两条平行线上的，这时候主管应该帮助小叶去回顾自己过往的成功经验，找到改变现状的方法。

STAR 法则提取员工过去的成功经验

我们可以运用"STAR 法则",来协助员工提取过去的成功经验。

STAR 法则包含的内容为:

- 情境(Situation):员工当时处在什么样的情境下。
- 任务(Task):员工在执行什么样的任务。
- 行动(Action):员工采取了哪些关键的行为。
- 结果(Result):员工采取的这些行为产生了哪些结果。

▲STAR 法则▲

一般来说,STAR 法则经常被用在面试中,当时发生的情境与背景,员工执行了什么样的任务,当时员工采取了哪些关键的行为，产生了哪些结果……这些问题，能够协助主管了解员工的过往经验，通过员工的表达，主管能够对员工表述的内容进行多方面的验证，好为公司找到适合的人才。在这里，我们可以运用同样的技巧，协助员工从自己过去的成功经验中，找到一些可以应用在现在的情境的方式，让过去的能力成为一个可以迁移、放大的成功因素。

回到小叶的情况，我听了他的描述，是这样回应他的："你同时面临很多变化，的确很辛苦。是什么让你撑到现在的呢？"

"我就是不服气呀，我怎么可能不会做销售了？！我也想做出成绩给主管看，为自己争一口气！但是我现在连跟客户讲话都很不通顺，我觉得每个人都会拒绝我，讲不到两分钟，我自己都想要挂电话了。"

"所以你觉得自己以前是个很好的销售，是可以做出业绩的，是吗？"

"是呀，我过去连续2年的业绩在我们分公司一直排名第一，我很会售卖产品。"

"你以前是怎么做到这么好的业绩的呢？"

"以前我会花很多时间，一个个去跑客户，先去了解客户的需求。我不管他要不要跟我买，我都很想了解他的需求。"

"很棒，所以当你为对方着想的时候，你就会比较安心，是这样吗？"

"是的，我愿意花时间去了解客户的需要，再为他们量身打造适合他们的产品，真的不适合客户的产品我也不会强求客户下单，有时候这次客户没下单，下次有需求客户就会想到我，或是帮我介绍生意。我以前新的客户来源，大多数也都是老客户介绍的。"

"因为你会用心了解客户的需求，重视跟客户建立信任感，所以客户也会愿意帮你推荐其他的客户，新客户的成交率也会更高，因为这是有信任在里面的，是好的循环。这是很棒的工作方法，现在我们怎样使用同样的方法，来向新客户推广新的产品呢？"

"我想不应该先推销我们公司的产品哪里好，而应该先听听客户的需求与考量，搞清楚客户能接受的价格区间，需要的产品要具备什么样的功能、适合什么样的应用场景，再来做详细的规划。现在一上来就先说我们的产品这样好那样好的沟通方式真的不适合我，我还是要找到自己的步调。"

"很棒！接下来就按照你说的这样试试看！"

在上述的对话中，我们运用的 STAR 法则是这样的。

S 情境	T 任务	A 行动	R 结果
•担任业务销售代表，执行面对面销售	•达成公司规定的每月业绩目标	•不管客户要不要买，会花时间去了解客户的需要 •了解后，再为客户规划适合客户的产品 •不适合也不硬推	•过去都是分公司业绩的第一名 •新的客户来源，大多数是老客户介绍的 •信任的销售循环

我们做主管的多做一步，帮员工归纳他以往的成功经验，然后看看是否能将以往的成功经验复制到新的情境中去。小叶过去的经验是：先用心了解客户的需求，重视跟客户建立信任感，之后客户也会愿意帮他推荐新客户，新客户的下单成功率也会更高，这就是好的循环。

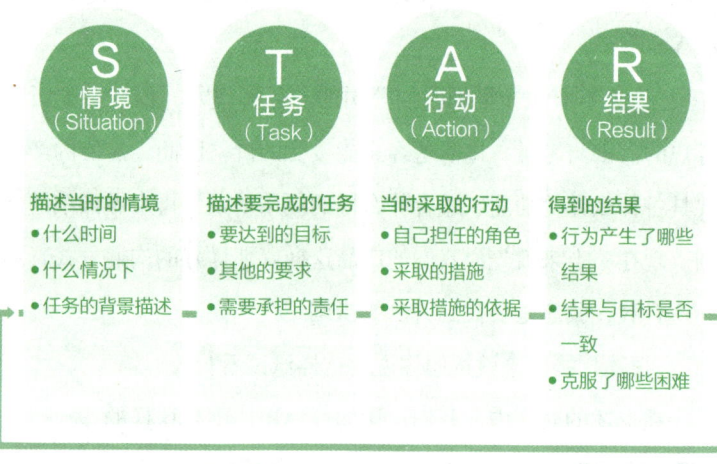

▲ STAR 法则分析小叶的情况 ▲

S 情境（Situation） 描述当时的情境
- 什么时间
- 什么情况下
- 任务的背景描述

T 任务（Task） 描述要完成的任务
- 要达到的目标
- 其他的要求
- 需要承担的责任

A 行动（Action） 当时采取的行动
- 自己担任的角色
- 采取的措施
- 采取措施的依据

R 结果（Result） 得到的结果
- 行为产生了哪些结果
- 结果与目标是否一致
- 克服了哪些困难

- 用心了解客户的需求
- 重视和客户建立信任
- 通过老客户的推荐，提高新客户的下单成功率

从员工过去的成功经验入手分析，会让员工更有信心和方向感，会让员工知道自己虽然面对新的挑战，一样可以想到策略解决新出现的问题。

跳出主管的角色，协助员工找到成功的方法

小叶同时遇到多重变化，但因应对新变化的能力不足，让他开始进入内耗的循环。这时他的主管可以通过前文的关系建立步骤，先建立与小叶的信任感，这样才能有效地判断，小叶目前遇到困难的原因是工作能力弱还是工作意愿弱，分析诱发问题的关键事件，最后协助小叶找到自己的成功经验，并分析哪些经验可以用到解决目前的困境中，从而逐步恢复小叶的信心。

除了使用 STAR 法则，主管们不妨在日常和员工的沟通中，练习使用"角色互换"的方式来拉近彼此的关系。

▲ 小叶的案例 ▲

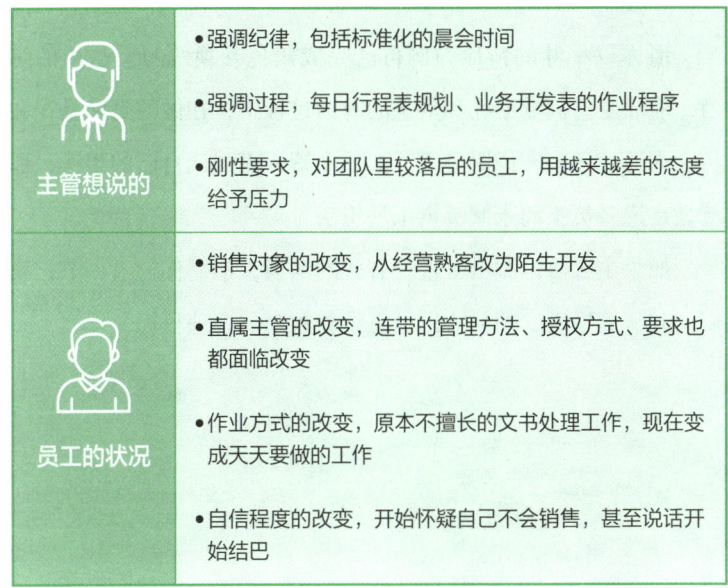

主管想说的	• 强调纪律，包括标准化的晨会时间 • 强调过程，每日行程表规划、业务开发表的作业程序 • 刚性要求，对团队里较落后的员工，用越来越差的态度给予压力
员工的状况	• 销售对象的改变，从经营熟客改为陌生开发 • 直属主管的改变，连带的管理方法、授权方式、要求也都面临改变 • 作业方式的改变，原本不擅长的文书处理工作，现在变成天天要做的工作 • 自信程度的改变，开始怀疑自己不会销售，甚至说话开始结巴

▲ **角色互换的练习** ▲

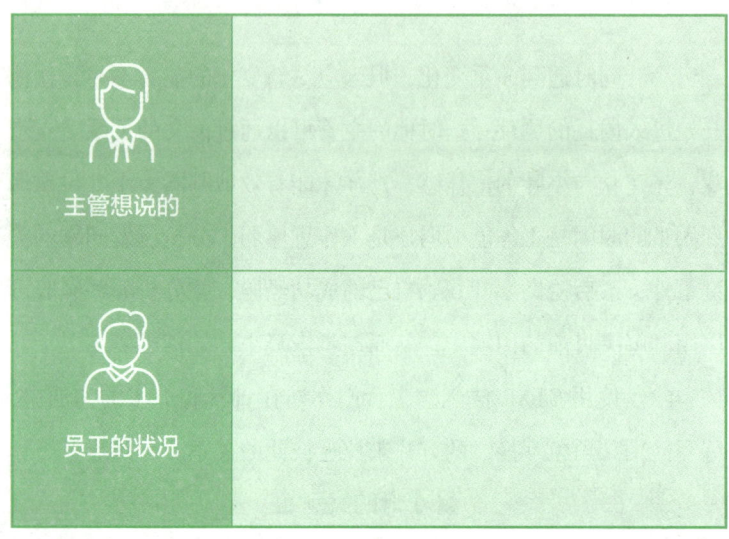

请你以小叶的情形为例自己完成角色互换练习。这样的练习，能让主管们觉察在和员工的对话过程中，在做的到底是在和员工沟通，还是在说服员工。如果主管一直强调自己的想法，那就是在说服员工而未倾听员工的想法。

如果主管可以跟员工进行有效的沟通，恭喜你！下一节，我们一起继续探索，如何协助员工设立短期的合理目标。

4-3
如何协助员工设立短期的合理目标?

当遇到什么事情都想拖延的员工

"顾问,我觉得我有拖延症!"娟娟一坐下来,就一脸正经地对着我这样说。

"拖延症?你为什么这样形容自己呢?"

"我的男朋友做事很高效,面对很多事情他都会提早开始做,我就不行。所以常常被他唠叨。

"而且老板交代的企划案,我也常常写不出来,一直拖啊拖,拖到截止时间快到了,才会用一两天的时间把整份企划案赶出来,有时候,连检查企划案的时间都没有,就得交企划案了!

"上次你交代的作业我也没有做,其实我是想要好好做你交代的作业的,所以上星期就跟你约了咨询的时间,但因为我后来请了假所以就没做。然后那份作业拖到这个星期也没做,所以我今天就很纠结到底要不要来……"娟娟越说声音越小,最后声音小到我几乎听不见。

"但你还是来了,为什么呢?"我好奇地问。

"因为我知道我如果这次不来,我可能下次也不会来,然后你交代的作业我还是不会完成,然后、然后……,大概那份作业就会不了了之了!

"我实在很不喜欢这样的自己,我有意愿做自己应该做的事情,但是我管不住自己,我就是想要逃走!老师,你看我做什么都拖拖拉拉,超级没有效率!我的拖延症真的很严重!"

我很欣赏娟娟的直率,也了解她倾诉时,那种对自己超不满的心情。如果她一直处在和自己设立的目标背离的纠结中,那一定会很内耗,时间久了,想法还可能会从"觉得自己不想做",慢慢变成"自己没有能力做",甚至还没开始做一件事,就认为自己会失败。

当我们按照这样的循环模式跟自己对话久了,就会开始形成"自己没有能力"的想法。刚开始时,可能还只是偶尔出现这种想法,时间久了,这种想法会逐渐变成一种"我做不到"的信念。于是,我们便一步步在自己和设立的目标中筑起一道墙,一道我们永远翻不过的墙,最终我们也就没法完成我们起初设立的目标。

拖延,其实是我们的自我保护策略

为什么明知道会自我消耗,我们还会不自主地进入自我内耗

第四章 展开行动

的循环呢?

心理学家阿德勒,提出了自我保护策略的概念。阿德勒认为:失败的经历会强化人的自卑感,因为人不喜欢失败的经历,所以他们会在自己跟目标之间留出一段距离以保护自己,避免可能发生的失败。

常见的自我保护策略,包括:

压抑:将痛苦的记忆、冲动或情感排除在意识之外。比如,经历过严重车祸的人,可能会在一段时间内压抑这段可怕的记忆,让自己意识不到当时的恐惧与痛苦,以避免日常受到这些负面情绪的干扰。

否认:拒绝承认某些痛苦的现实。比如,得知亲人离世的消息,有些人最初会选择否认,觉得这不是真的,以此来缓冲巨大的悲痛,保护自己不被突如其来的哀伤淹没。

合理化:为自己的失败或不合理行为找看似合理的借口。比如,考试没考好,就说考试题目太难或者自己没复习是因为最近身体不舒服,这样说能让自己感觉好受些,维护自尊。

投射:把自己内心不被允许的冲动、情感或想法投射到他人身上。比如,自己对同事有嫉妒心理,反而觉得是同事在嫉妒自己,这样想能减轻内心因嫉妒产生的不安。

回避:遇到困难或危险时,直接避开相关情境。比如,害怕当众演讲的人,会尽量避免参加需要演讲的活动,减少因演讲可能带来的紧张和失败的风险。

自我设限：在面对挑战前，预先给自己设定一些限制条件。例如，在参加比赛前，故意不充分准备，这样如果比赛失利，就可以将原因归结为准备不充分，而不是自身能力不足，从而维护自我形象。

娟娟的拖延症现在看起来是不是很像自我保护策略中的回避策略和自我设限策略呢？

缩小目标，维持自我效能

人想要避免失败这是很正常的心理反应，因为避免失败的心理反应其实带着良好的动机：帮助我们"维持良好的自我效能"。

所以，当我们设立一个目标，却感觉到有压力的时候，我们能够做的，除了拉开和目标的距离保护自己，也可以试着采取另一个做法：主动缩小与目标的距离，将原本需要完成的整体目标切成一个个小小的目标！

作为主管的我们要协助员工将大目标，分割成小目标。例如：我们可以拉出一条刻度，刻度的一头是非常容易做到，另一头是完全不能做到，然后和员工慢慢讨论，每一格对他来说的意义是什么？哪些刻度对应的目标比较容易做到？

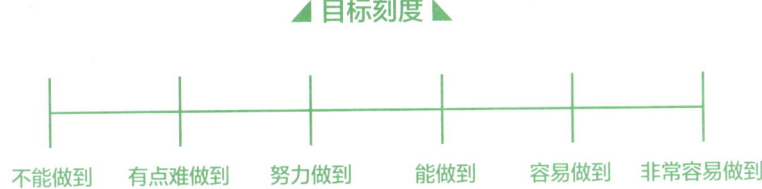

有朋友可能会问,是不是一定要将目标刻度尺分成5格,分成3格可以吗?当然可以。

只要我们将大目标化为小目标,就能降低员工面对大目标时产生的巨大压力,甚至产生的茫然、无助的感觉。

设定短期、合理的目标会有什么好处呢?

- 当目标变小,个人的掌控感觉会增强。
- 掌控感增强,就可以减少自我保护机制实时启动的状况。
- 当目标变小,完成小目标所花的时间缩短。
- 完成小目标,获得自信心,从而完成下一个小目标的意愿更加强烈。

主管要避免以自己的能力为基准线去评估员工的能力

如果主管碰到员工有拖延的情况时,主管要怎样去引导、帮助员工呢?

首先，主管要了解员工真实的能力情况，包括对员工拖延状态的评估，例如这种拖延状态是偶尔出现，还是拖延情况越来越严重？遇到哪一类的事情，员工就不会出现拖延的情况？遇到哪一类的事情，员工的拖延情况更严重了？

在评估员工的拖延状态时，主管要特别留意，不需拿员工的能力跟自己的能力进行比较。

有的主管执行力强，做事果断、雷厉风行，面对娟娟的情况，可能会认为娟娟完全就是没用心做、心存敷衍、推托……一旦这样的想法形成，主管就对员工形成了某种偏见，在沟通时会制造新的障碍。

和员工充分讨论，确保他可以成功

主管在客观地了解了员工的状态以后，要帮助员工将任务细分拆解。

任务要怎样拆解呢？可以运用以下两个方法：

- 方法一：和员工共同讨论

员工的目标是完成目标任务，主管的目标是帮助员工完成目标任务。所以可以用共同合作、共同推敲的方式，先对目标任务展开讨论。

第四章　展开行动

- 方法二：确保员工可以成功

如果员工已经对面临的目标人物出现回避的心态，主管要帮助他建立成功经验，陪他抢占第一块滩头堡！

那么，目标任务要切到多小算小呢？

先确保员工会成功地跨出第一步

当了解了娟娟的情况时，我拿了一张纸，在纸上画出一条线，线上面标出了0—5这5个刻度。0表示还没开始，1表示先构建一个基本思路，2表示对这个思路进行完善，3表示在这个思路下完成的一个具体框架，4表示对这个框架进行更完善的补充，5表示做得非常好。

我首先以我自己写完一本书为例：

- 刻度0表示完全没写。
- 刻度1表示在某个时间点，只完成一个初步的框架。
- 刻度2表示在某个时间点，初稿完成，但还谈不上品质与见解。
- 刻度3表示在某个时间点前完成初稿，还有时间可以进行内容的修订。

- 刻度 4 表示在某个时间点前完成质量中等的书稿，书稿中加入数据、文献，内容更翔实。
- 刻度 5 表示在某个时间点前完成质量上乘的书稿，内容不仅翔实，还有更独特、新颖的观点。

我们可以看到，将不同的刻度当作目标，会产生不同的行动方案：

- 将刻度 5 的成果作为目标，就要开展搜集市场上的相关资讯、研究数据、深度思考、在实践中进行验证等工作。
- 将刻度 4 的成果作为目标，就要开展相关文献的阅读，相关数据的搜集等工作。
- 将刻度 3 的成果作为目标，就要能梳理出基本的论述框架，撰写完草稿后，花时间进行一次修订。
- 将刻度 2 的成果作为目标，就只要在规定的时间完成初稿。
- 将刻度 1 的成果作为目标，就只要在规定的时间完成一个初步的框架即可。

同样的方式，我们可以帮员工将一个大项目拆解为 5 个刻度的小项目目标：

从刻度 1 开始，在某个时间点先列出正确的思路，完成刻度 1 的内容后就会比较安心。

第四章 展开行动

带着这份安心逐步前进，在形成的这个思路的基础上，产生相对的行动框架，这样就到了刻度2，慢慢地，再往刻度3、刻度4对应的目标前进。到了刻度4代表的目标，那离刻度5的目标也就不远了。

回到娟娟的案例，她认为自己做事情最后要达到的结果就是刻度5的目标，但是自己很难一下子达到刻度5代表的那种做得非常好的目标，于是还没开始做事情就产生了畏惧的心理，然后就很懒，因为她不想面对做不到、做不好带来的挫败感，就一直处于想做更多准备、一定要准备得足够充分才能开始着手做这件事情的状态。

刻度5的那个最完美目标反而让娟娟陷入了回避潜在失败的畏惧里，她就开始落入了"做不好→做不完→不想做"的负向联动循环的想法中。

随着对这个目标刻度的分析，娟娟脸上也慢慢有了笑容，她发现其实自己是有选择的！她不需要把每件事情做到刻度5对应的目标，有些事情做到刻度2对应的目标，有些事情做到刻度3对应的目标也不错，甚至，先做到刻度2对应的目标，把基本盘先做起来，如果之后自己还有时间，再花时间来进行完善，这样的话，自己所承受的压力似乎也变得比较小了呢！

活用目标刻度，重新设定合理的目标

身为主管，如何帮员工设定合理的目标呢？

用3个步骤设定合理的目标！

第1步：和员工一起把任务目标刻度化。

在会议室白板上或找张白纸，画出一条横线，并视任务复杂程度，和员工一起将该任务分为若干个刻度。刻度0表示尚未开始，最后那个刻度表示完成得很好。

第2步：和员工讨论，应该分为几个刻度。

通过和员工的讨论，有助于主管实时掌握员工的工作状况，此任务对他而言的优先级、难易程度等。

第3步：和员工讨论每个刻度对应的工作任务是什么，以及任务的完成度是什么。

和员工一起将大目标分解，帮助员工突破思维惯性的瓶颈，就能帮员工迈出前往目标的第一步。

想要完成任务，跨出第一步就对了，祝你与你的员工一起成功！

4-4
如何与员工建立正向具体的目标？

自我要求高的主管，团队成员的离职率却很高

索尔的技术能力强，开发的产品申请了很多专利，5年前被公司重金挖过来，带领一个研发团队做产品研发。索尔到任后兢兢业业，每天严于律己，做事情效率高、为人也谨慎。可是他的团队成员的流动率总是很高，每年过完年回来上班的两个星期之内，研发部门就会陆陆续续有很多同事辞职，连续3年研发部门的离职率都是全公司最高的，去年还发生了将近一半员工离职的情况。

年复一年，他的部门好像变成了业界的员工培训中心。他在管理方面，一直感觉很受挫。

他自己试着找解决方法，但今年还是发生员工大换血的情况，所以今年他向老板申请转做技术人员，不想再带团队了。老板只是同意他先休息一下，因为老板很看重他的能力，也肯定他的工作表现，所以请他来找我聊聊，看看有没有什么新的可能性。

"我自己也有小孩、有家庭,我都可以待到晚上10点才离开公司,这些年轻人也应该对工作投入一点吧!"

"你不加班也没关系,你要拿出业绩来呀。事情做不好,又不愿意按部就班地学,我当然会发火呀!其实就算我不发火,员工们都说我是个把情绪写在脸上的人,别人一眼就能看出来我发火啦。甚至我的员工还会叫我不要压抑自己的火气,因为他们感觉有时我压抑火气压抑得脸都扭曲变形了。"

"所以你是能觉察到自己的情绪的?"

"是的,我去年想调整一下带团队的方法,让自己尽量不要发脾气。结果我可以不向同事发脾气,但是我会生闷气!情绪累积到一段时间后,我会整个爆发出来。一旦我的情绪爆发会更可怕,有次我没忍住,还是在办公室对员工拍桌子,骂难听的话,真是气死我了。"

"你在意的点是什么呢?"

"如果有要求,我就按照要求做,而且还会加倍做好,员工没道理做不到哇!"

"那如果员工在执行任务时遇到困难,他可以告诉你吗?"

索尔听到这个问题,沉默了一会儿。"困难,为什么会遇到困难呢?我发现我没办法接受员工会遇到困难这件事,我多半觉得都是他们找的没法按要求完成工作的借口。"

主管跟员工的角色不一样,看事情的角度也不一样。如果有时让自己能够离开主管这个角色,创造一些轻松的交流机会,主管能够收获年轻人不一样的创意，年轻人也能收获主管的宝贵经验。

主管要成为教练，用 GROW 模式引导员工

在 2-2 中，我们提到主管的三种角色。接下来，我们进一步探讨，主管如何运用教练的角色来引导员工。

约翰·惠特默在《高绩效教练》一书中，提出的"GROW 模式"，是广泛应用在职场教练领域的引导模型，强调引导员工成长。

GROW 模式中的"GROW"即 Goal（目标）、Reality（现状）、Options（选择）、Will（意愿）的四个英文单词首字母的组合。该模式具体执行时的内容见下图：

在定义目标时，主管需要清晰定义谈话的目标，与员工商讨后，共同聚焦一个方向。每一个步骤往下推动前都需要对当下的这一个步骤所达成的意象和员工进行确认，确保员工持续聚焦在同一个方向上。

和员工探讨现状时，主管要避免进行过度的推论，而要引导员工客观地描述现在的状况。要做到这一步，有赖于我们平时和员工建立的良好的互动关系。

和员工探讨选择时，主管可以多用开放式、引导式的提问，了解员工对问题的看法，引导员工对各种可能性进行探索，启发他们的思维。如果员工在思考时总是想到将会遇到的难关，这时主管也可以通过引导性问句帮助员工厘清思路，例如可以问：

- 这一定要做吗？
- 有没有别的方法呢？
- 次序可以调换吗？
- 目前手头的这些工作，什么是最重要的呢？

之后，我们要将对话引回我们谈话的目标。进行了这么多的探索，接下来具体行动是什么？有哪些可以验证的点吗？

第四章 展开行动

让员工做自己，而不是做主管的复制人

在索尔的案例中，因为他本身就是主管，而且他的技术优势很明显，这也是总经理想要重用他的主要原因。但是他想要扩大他的影响力，就不能只凭一己之力来做事，而要善于使用众人之力来成事。这就需要他开始学习一项他不熟悉的能力：领导力。

看到索尔突然沉默，我感觉他心里似乎有一扇名叫好奇的门被打开了。

"嗯，这个觉察很重要。的确，我在产品研发方面的经验比员工多很多，也需要多花一些时间跟新人培养默契，了解他们的工作能力、工作中容易遇到的瓶颈，这样我才能找到与员工合作的默契。"

"你希望自己能获得什么样的改变呢？"

"我期待自己可以和员工进行顺畅沟通，可以有机会听到员工的不同想法，遇到员工和我的想法不一样的情况时，我的情绪反应不要太大。"

"你在什么情况下，可以觉察到自己的情绪呢？"

"我有情绪的时候，通常先会不耐烦，然后声音会开始变大，常常会打断别人说话，接下来会生气或者愤怒。"

"很好的觉察，有觉察就是我们调整的第一步，你这一步做得很棒。

"你听说过'水桶原理'吗？这个原理讲的是一个木桶能盛

多少水,并不取决于最长的那块木板,而是取决于最短的那块木板。你的专业能力很强,那就是你这个木桶最长的木板,而你这个木桶最短的木板就是你的情绪。好处是,只要你愿意调整一下,最短的那块木板是很容易变长的。"

"我希望在别人说话的时候,我可以听对方把话先说完,而不是着急着说出自己的想法,我想我可以暂时先做这个练习。"

"是的,能够对对方保持好奇,对方也会更放心让你了解他的真实想法。那接下来你打算怎么做呢?"

"虽然我现在不带新人,但是在项目开发上我需要和别人一起合作。我想我可以先从开项目会议开始做出一些改变:以前所有事情都是我说了算,现在我要练习着先提出问题,然后听听大家的想法,我再分别重复一下大家的想法以确保我正确接收到了他们的想法,之后我再提出自己的想法。我会把节奏放慢一点,也许我也会更轻松一些。"

"是的,让别人多说一些,你就有机会了解对方。这是一个很正向的改变,我们就先从这个方向切入。你也可以想想,怎么营造更加活跃的会议气氛,这样大家更能够感受到你的改变。我的建议是在接下来的会议中,你要刻意练习倾听别人的想法。"

"好的,我先听大家说一轮并确保我听懂了大家的想法,再提出我的想法,同时营造更加活跃的会议气氛。"

"太棒了,就是这样。在下个星期开会时,按照你刚刚说的方式,至少练习3次:先听大家说一轮并确保你听懂了大家的想法，再提出你的想法，同时营造更加活跃的会议气氛，观察大家发言的频率、互动的状况。可以做到吗？"

"没问题，我现在感到很兴奋，我终于知道瓶颈要怎么突破了，我甚至有点期待下周的会议了呢，谢谢你。"

"如果遇到问题，你可以把它记录下来，下星期见面的时候，我们可以针对你遇到的问题，再继续讨论。"

主管练习和员工一起建立目标

能力越强的人，对自己的要求也越高。这些人能够达到自己设立的高要求，但他人未必可以达到高要求，于是他们在和别人沟通时，会缺乏倾听与理解他人的能力，久而久之，与他人沟通便成了他们的短板。

索尔之前就是怀着"我都做得到，你怎么可能做不到！"的心态去和员工沟通，于是员工无法放心地向他表达遇到的困难，也学不到他的经验。

现在我们试着练习拆解一下，在索尔的案例中，要如何使用 GROW 模式呢？

每个人会从不同的切入点入手，结果也不会是一模一样。我的分析是这样的，列出来供你参考。

▲ 索尔案例中的 GROW 模式的拆解 ▲

目标 Goal	现状 Reality	选择 Options	意愿 Will
• 期待自己是可以沟通的 • 希望可以有机会听到员工不同的想法	• 容易不耐烦，声音会变得大声，常常打断别人说话 • 接着可能会变得生气、愤怒 • 觉得自己是对事不对人，但是员工被骂了以后就会不开心 • 部门员工离职率高	• 暂时先不带人 • 先用项目跟别人进行合作 • 练习不直接提出自己的结论，而是先听大家说一轮 • 确认自己听懂了别人的想法，再提供自己的意见	• 在下个星期的会议中，至少练习3次 • 有疑问记下来，再一起进行讨论

你可以用索尔的案例为题，形成针对索尔的 GROW 模式的拆解结果。

GROW 模式

目标 Goal	现状 Reality	选择 Options	意愿 Will

重点在于先营造一个可以沟通的环境

跟员工沟通时,营造一个有助于沟通的环境是很重要的。当主管能力超强时,即使员工的能力也不错,那么这个员工也不一定能达到主管的要求。这时,主管可以运用 GROW 模式,与员工讨论现阶段双方需要共同设立的目标,让员工有参与感,促使员工采取更加积极的工作态度。

在同一个部门里,有些员工工作能力强,有些员工工作能力弱,主管也可以运用 GROW 模式,让员工可以借鉴彼此的经验,相互学习。这样会让团队更有凝聚力,一起前进。

接下来,我们将在下一章中进一步讨论,在员工展开行动后,我们如何确保员工获得成功,维持员工向上的动能,并让这个探索获得成功的过程,成为员工正向成长的经验。

5

正向反馈

5-1
小心期待完美的自己，主管与员工都是！

别误认为自己能够帮助客户解决所有问题。

小晨从小立志要当业务员，而且要当房屋中介的业务员。因为他想要卖很贵、对别人很重要的必需品，而且他希望大家可以在购买这件必需品时很开心。当他完成了相关培训，顺利取得相关执照，充满热情、全情投入职场时，他果然在很短的时间里，就成了整个行业的高手。

可是，当他卖的房子越多，他越觉得自己不快乐。有时候，他会被自己的梦吓醒，梦中的他卖给客户的房子漏水、墙壁出现裂痕，有时房子还遇到地震，瞬间倾倒。梦中的他，看到客户坐在地上哭得伤心，还一遍遍地重复："我一辈子的心血都在里面，现在全没了，怎么办？"小晨总是被类似的梦惊醒，醒后发现自己一身冷汗。

有一天，他又从梦中惊醒过来，这已经是他这个月第5次做噩梦了，关心他的太太觉得他不能再这样下去了，请他来找我聊一聊。

睡眠质量其实能反映我们身心所承受的压力大小。主管很容易从员工的睡眠、饮食、情绪、记忆这四个方面的外在行为中，判断员工的身心状态，并判断是否需要对员工进行关怀。

压力，有什么作用呢？

轻视无形的压力，反而累积出大问题

人面对压力或在紧张的状态下时，我们会本能地做出"战"或"逃"的反应。早期的人类，看到老虎时立刻要判断是要"战"，还是要"逃"，一旦外来的危机解除，身体的警戒系统随之放松，便会让心跳、肌肉回到放松的状态。

现在我们身处在繁忙的社会中，生活环境里虽然很少有遇到真老虎这种具体危害到生命的危险让我们产生紧张感，但是心理上时不时会有让人产生紧张感的"老虎"出现。

这个"老虎"可能是他人看待我们的眼光，可能是在很短的时间内赶出一个大项目，可能是每个月面临的业绩考评，可能是与同事的沟通，可能是养育下一代人，可能是与父母相处，可能是行业前景惨淡，也可能是薪水降低等等。

其实这个"老虎"就是压力，我们很少能够系统地学习应对压力的方法，很少学习如何在身心处于压力下时，观察自己，主动照顾自己，让自己通过刻意练习，有意识地放松下来。

通常我们会觉得，有压力，是很正常的事情，睡一觉、吃点甜点、上街购物之后差不多就能消除压力了。

这些方法，是正确的消除压力的方法吗？

学会放松，练习让大脑聪明地管理压力

我做咨询的经验是：放松，其实是人们在追求成就的过程中常常被人忽视，却又至关重要的因素。

我遇到的状况是，很多人能力都很强，但是因为不会放松，到最后反而造成了很严重的问题。

例如，一位顶尖的工程师，他的生活中只有上班、上班、上班，甚至在梦中都还在写代码，家人间也开始出现隔阂，生活变成了他很不喜欢的样子，最后连他自己都开始不喜欢自己了。

也有明明各方面表现都很杰出的员工，却对自己非常没有信心，他们很容易看到别人好的表现，能观察到别人的优点，然后因为别人好的表现，觉得自己表现得很差，从而感到极大的压力。

也有一些"二代"，为了证明自己有接班父辈的实力，夜以继日地工作，年纪轻轻，却经常习惯性失眠，不知道自己还能撑多久。

这些伙伴，他们的工作能力都不弱，但他们看不到自己的好，永远期待自己会有更棒的表现，他们视自己的好表现为理所当

然，也不允许他人嫌弃自己。这些对自己有更棒表现的期待，都让他们在处理事情时，有了"求好"的压力。

任务带来的压力、心中过高的期待、生理上异常的反应，都在说明一件事：你已经过度透支自己了。你能想象得到，这样习惯性对自己说鞭策性的话，自己没法让自己满意的方式，长久下来会让自己多受挫吗？

哈佛医学院心身医学教授赫伯特·本森，长期研究压力对健康的影响，他也是麻省总医院本森·亨利身心医学研究所的名誉主任。结合正念减压疗法、正念认知疗法，并融合认知、情绪、行为跟生理反应的知识，赫伯特·本森提出 SMART（Stress Management and Resiliency Training Program）压力管理技巧。

当人处在压力状态时，由于大脑与身体需要立刻做出各种反应。像锻炼肌肉一样，可以让人通过主动锻炼大脑，学会管理压力，学会放松。

压力管理技巧训练的核心，是训练放松反应。最简单的方法就是呼吸练习，先安顿好自己的呼吸，再通过身体觉察、冥想等放松方法，从每次 5 分钟开始，一步步延长到 30 分钟，让有意识地放松成为一种新的习惯。

员工生活中遇到的小问题,就是主管进行关怀的切入点

小晨现在的情况,我们可以说他对工作太投入了,是日有所思,夜有所梦。因为他梦到的,也都是跟工作相关的内容,真的是把工作跟客户放在了心上。但是梦境的内容,让他感觉很不好,也给他造成了很大的压力。

如果员工和你诉说他做噩梦的事情,你会怎么回应他呢?是拍拍他安慰他不要想太多,还是员工根本不曾和你说过这些工作以外的事情?

我遇到过有些非常就事论事的主管,只看结果不问过程,或是只问结果不问缘由,这些对待事情的态度都有可能让我们在关怀员工时进入误区。

毕竟事情是由人做的,我们都要花时间定期给爱车做保养,更何况是人。你是如何定期保养你和同事的关系的?你是如何传达你对员工的爱护之情的呢?

听着小晨描述着梦中的种种情形,我感觉他真的很在意客户对房子是否满意,于是我们展开了以下的对话:

"你真的很把客户放在心上啊!"

"是呀,买房子不是小事呢,很可能客户一辈子就买这一个房子,买了要还几十年的贷款,我要为他们负责任。"

"能够遇到你,从你这儿买房子,客户真幸运。"

"我的有些客户也和我这样说过,我和那些客户后来都成了

好朋友，我们会经常联系，甚至他们还会帮我介绍其他想买房子的客户，我真的很感动啦！"

"所以你很在意这些客户住在房子里面是不是舒服和安全？"

"是呀，所以我很怕看到什么房子倒塌、居委会和业主发生纠纷之类的新闻，因为我担心哪天我的客户要是遇到这种状况，我就太对不起他们了。"

"所以你是卖房一阵子，担心一辈子？"

"哈哈，好像是这么回事呢……"小晨听了我的话，笑出了声音。

"如果我是你的客户，我会很感谢你为我着想，给我提供专业的建议和服务。交房前你会对房屋情况再做哪些了解呢？"

"我会一一检查清单上涉及的所有项目，如果发生任何意外情况，我就会主动处理这些意外情况，如果我没办法处理，我也一定会清楚地让客户们知道目前的房子处在什么样的情况下，让客户在掌握所有信息的情况下，做出正确的决定。"

"很棒啊，你真的很用心，尽你所能地服务客户。在工作中你还有什么能想到，但是没做的事情吗？"

"没有了，我接待的客户到目前为止没投诉过我什么，他们对我的服务都还挺满意的。"

"那是不是可以这样说，你已经站在了客户的立场去帮他们考虑？"

"对的！"

"所以对房子过去的状况与现况,你已经尽力去做了全面的了解,并让客户在购买房子前就清楚房子的现状。至于房子未来的状况,是由你负责,还是由新的屋主负责呢?"

"应该是新的屋主吧,毕竟我也不住在那里。"

"的确,你在意每个客户的居家舒适度,这是很棒的。但也要明白,当房屋顺利交付给屋主以后,作为中介,你的责任已经完成,把你祝福的心意送给客户,就可以了!"

正向沟通的 4 个步骤

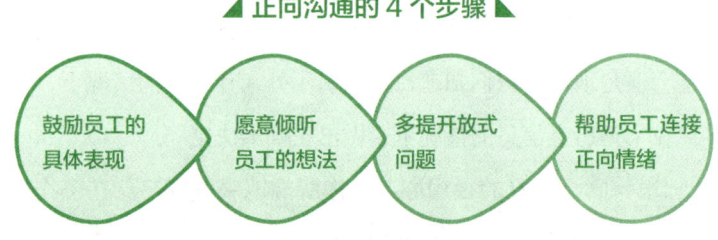

▲ 正向沟通的 4 个步骤 ▲

在小晨的案例中,我是如何运用正向沟通的呢?

● 正面鼓励员工的具体表现:

你真的很把客户放在心上。

能够遇到你,从你这儿买房子,客户真幸运。

- 愿意倾听员工的想法：

所以你很在意这些客户住在房子里面是不是舒服和安全，对吗？

- 多提开放式问题：

如果我是你的客户，我会很感谢你为我着想，给我提供专业的建议和服务。交房前你会对房屋情况再做哪些了解呢？

很棒啊，你真的很用心，尽你所能地去服务客户。在工作中你还有什么能想到，但是没做的事情吗？

- 帮助员工连接正向情绪：

的确，你在意每个客户的居家舒适度，这是很棒的。但也要明白，当房屋顺利交付给屋主以后，我们作为中介的责任已经完成，把你祝福的心意送给客户，就可以了！

帮员工厘清他该负的责任，例如案例中的小晨，将他原本要为客户负责一辈子的压力，转化为一种祝福的心愿送给客户，也让他与这个已经出售的房屋正式告别一下，安心去服务下一位客户。

将对客户负责一辈子的压力变为对客户的美好祝福的过程，对小晨而言就是宝贵的学习经验，既要珍惜自己的真心，也要适度地让自己能放下心。压力这只"老虎"走了，现在小晨可以放松了。

如果小晨将自己做噩梦的这件事告诉主管,主管只对小晨说一句你想太多了,回去好好休息之类的话,小晨还是没学到纾解压力的方法,他为客户着想的一颗心依然如故,还是秉持着卖一套房子给客户,就要为客户终身负责的工作态度,那么他卖出去的房子越多,就越睡不好觉。到时候他的压力越来越大,可能会导致要么他身体出状况,要么他的业绩开始下滑,为什么不从一开始,我们就用正确的方式关心他呢?

主管也要注意自己的压力管理

如果你还记得,我们在前文提到过的业绩表现图的四个阶段的话,就能发现小晨处于阶段二。只有了解了员工的生活,你才能找到更多跟他沟通的、表达关怀的切入点。以下是一些对员工的生活表达关心的提问,例如:

- 下班你会去做哪些活动呢?
- 平常你会不会去郊外走走?
- 你有什么兴趣爱好吗?
- 你身边有常来往的朋友吗?
- 平时你跟家人互动密切吗?

- 你和哪些同事比较熟呢?
- 你有没有运动的习惯呢?

学习使用这些问题了解员工,当然我们也可以通过提问题练习自我觉察,不仅要觉察员工的异常状态,以便主管及早帮助员工,更重要的是,主管也要进行自我觉察,让自己对自己的状态进行实时调整。

例如,我辅导过的一个生产线主管,在生产线产出产品的良品率达到标准前,他说自己有快 3 个月没见过自己的孩子了。他每天眼睛都充满血丝上班,一刻不敢放松。"我真的觉得自己快撑不下去了,可是我不能倒,我要撑住。厂长的压力更大,我要赶快把良品率提上去,这样我才能对公司有个交代。"通过电话那头他说的话,我感受得到他肩头上,有如山一般巨大的压力。

一个主管具备良好的领导力,不仅仅体现在追求自己优秀的工作表现上,也体现在会适度休息、会疏导同事、会缓解自己的压力上。

我在半导体行业做咨询师的时候,经常要去不同的厂区工作,其中我最喜欢的一个画面是,我刷完卡走进一间厂区,走到那栋建筑物的尽头,迎接我的是一个巨大的电视墙。那面电视墙,总是播放着森林、青山、绿水、花朵、动物那些充满生机的、美丽的照片。因为那个厂区的主管,喜欢在休假日爬山,他将美丽的风景留在相机中,带下山来,通过电视墙放映给大家。这些电视墙的内容也提醒着我,深呼吸一下,告诉自己美好的一天开始了。

有句话叫:"先处理心情,再处理事情。"

我觉得这句话很有道理。心情理顺了,事情也就不难了。

面对压力,不能只靠蛮力。你今天能担 10 斤,可能因为你还年轻,撑一下就过去了。但时间久了呢?需要你担 20 斤的时候,你还能撑一下就过去吗?每天问问自己:我,过得好吗?

当我们身上责任越重,需要关心的人越多时,就不能只靠"撑",更需要主动纾解压力。

5-2
聚焦有效行为方案，提升员工自我效能

看似无病呻吟，其实是自我怀疑

麦琪只有 20 多岁，她一脸凝重地坐在我面前，还没说话就先叹了口气！仿佛连说话，都要花上她很多的力气。

"顾问，我觉得自己身体很弱，病得快要不行了。"她眼睛盯着地面，幽幽地说了第一句话。

"为什么这样说呢？是身体检查出什么问题了吗？"我问。

"没有，我去医院检查，各项指标都正常，这就是最诡异的地方。大多数情况下，我吃也吃不下，也没有食欲，但是有时候我就会大吃特吃，吃完再吐出来。我觉得我一定是得了一种医院检查不出来的绝症。"

"这种状况持续了多久呢？"

"从我在研究所时就这样，而且陆陆续续，症状越来越多。现在我睡觉也不容易睡着，想到第二天要上班，还有一大堆做不完的工作等着我，我就会觉得胃痛。"

"在这种情况下,你都是怎么照顾自己的呢?"

"我也不知道怎么办才好。我去看医生,医生说我没什么事,但我就觉得我有事呀!我每天吃不好、睡不好、动不动头晕想吐。我还尝试着听周围人的建议,他们说干什么会有用,我就去试一试,但效果都比较有限。"

"这里面有比较有用的吗?"

"我觉得练瑜伽,还有冥想,对我有点用。好像做瑜伽还有冥想的时候,我不会有头晕的感觉,能坐得住。其他的效果就一般。我还试过针灸、按摩、排毒……各种各样你想得到、想不到的方法,我都试过。"说到这儿麦琪的脸上出现了一抹调皮的笑容。

"感觉这些方法有点好玩,是吗?"

"有些方法是挺有趣的,大家的建议也是五花八门,而且大家都好爱给建议,给我提建议也变成了一个话题,特别有趣。如果不是因为这样,我还不知道有这么多稀奇古怪的方法。一个个去试试也挺好玩的,不过都太花钱了。"

"你很希望自己好起来,所以做了很多尝试,是吗?"

"我当然希望自己能好起来,虽然每年身体检查结果都正常,但我觉得自己的身体状况越来越糟,体力也越来越差,动不动就很累。

"工作上也是这样,同样的事情,同事做的话就做得又快又好,我做的话就错误百出。感觉我负责的工作,也没有什么价值。我觉得自己做事也很爱偷懒,还得不到主管的欢心,工作报告也写得乱七八糟，反正我就是什么都做不好。"

"你希望自己表现得好，但有点力不从心，是吗？"

"是呀，我希望自己有能力可以表现得好一些，但是我的身体状况不行……我担心有一天我会昏倒在办公室。"

看到这里你是不是也发现，麦琪说的每一句话，都在传递着对自我否定的信息，传递着对自我身体的不信任呢？

在会谈时，遇到来访者有躯体症状，例如身体有明确的不舒服时，我会优先请来访者去就诊检查。主管们在帮助员工调整状态的时候，如果员工怀疑自己患有某种疾病，还是要请员工主动就医，以免延误治疗。

以麦琪为例，她已经看过非常多的医生，得到的诊断都是正常，那么这可能就是心理原因。麦琪感觉自己的身体不舒服，但又因为检查结果良好，再次强化了她对自己健康的担忧，这样便产生了负向的循环。

这种负向循环的状态，会影响我们对自己的评价，时间久了我们会怀疑自己是不是具有做好一件事情的能力。

员工的自我效能感，影响工作效能

这种自己对自己的主观评价，也是美国学者班杜拉所提出来的"自我效能感"（Self - efficacy）：个体对自己在特定情境中是否有能力完成某一行为的主观判断和信念。

自我效能感高的个体通常会为自己设定更高的目标,并且更愿意接受具有挑战性的任务。因为他们相信自己有能力完成这些目标和任务。相反,自我效能感低的个体可能会选择较为容易的目标,或者避免承担具有挑战性的工作。

当一个人处在自我效能感低的状态时,就会出现一边想做,一边又觉得自己无法把事情做好,无法全力以赴的状态。

很多主管可能觉得员工是在无病呻吟,觉得员工又没干什么,问题却一大堆,这时候主管应该意识到或许员工出现这样的状态,是心理因素在起作用,而这也是主管领导员工时需要达到的一个非常重要的目标:提高员工的自我效能感,并让员工聚焦在有效的行动方案上。

其实麦琪对自己的期待是好的,她希望自己身体好、表现好,却不知道怎么做才能达到这些目标,以至于每个人给的建议她都去试一试,然后发现每一个建议都好像"还好"。在尝试的过程中不但花了很多钱,也因为身体的不舒服感没有减弱,从而影响了她在工作上的表现。

展开有效行动,才能中止负向循环

对麦琪来说,她习惯用事先做预防来关心自己,这种做事方法反而导致了对自己健康的过度忧虑。但是，只关注我们不想要的，就没办法达成我们想要的目标。

我们需要主动中止负向循环，才不会让我们的力气都花在无效的努力上，日复一日地预演"可能面临的挫折"。

我是这样问麦琪的："如果这些问题都不存在，你希望自己的生活会是什么样呢？"

"我希望自己能够放松和开心。"

"嗯，虽然你想要放松和开心，但你常常用的是责备自己的方式来对待自己，是这样吗？"

麦琪愣了一下，"责备自己，不是很正常吗？"

"你责备自己，是希望把事情做好，不是吗？"

"是呀，我希望把事情做好。"

"那我就不太明白，为什么责备自己，会把事情做得更好呢？如果你想把事情做好，那么你要想的是怎么做好事情，而不是把自己责备一遍，然后让受挫的自己调整心情，再来想办法怎么把事情做好，调整心情再想办法的这一段时光，不就在做无用功吗？"我一边用手比画着，一边和麦琪说。

我的比画看起来有点用，麦琪突然间笑了，她看着我说：

"你说得对，我有责备一遍自己，然后调整心情，再来想办法怎么把事情做好的习惯，我习惯先看自己做得不好的地方。"

"自己责备自己的习惯本来是带着好意的，因为你希望自己表现好。但你无时无刻不在'自责→调整自己→想办法'这个循环中消耗自己,那么你的体力、脑力就以这样的方式消耗,而且是加速消耗。"

"顾问,你这样讲我就懂了,我的自我责备本来是带着好意,但是它会让我消耗很多的能量,以至于我会没有足够的能量去做我真正想要做的事情了。"

"太棒了,你刚刚说的很重要!那你接下来打算怎么做呢?"

"我觉得瑜伽、冥想之类的活动还挺适合我的。我最近买了一个坐垫,比较厚,坐起来感觉比较舒服。我打算每天给自己几分钟,可以稍微静坐一下。吃完午饭,我也可以到办公室附近走一走。能换姿势我就换姿势,尽量不让自己维持同一个姿势的时间太久。我也打算去报长期的瑜伽课程,让自己专心练习瑜伽。我不再想每天换不同的让自己感觉良好的活动,一会儿用这个活动,一会儿换那个活动,累死了。"

"很棒,你是个行动力很强的人,一下就能展开这么多的行动。如果在静坐、饭后散步、长期坚持练瑜伽这3项活动里,挑一个你觉得最能坚持的活动,你觉得是哪一个?"

"我想想。瑜伽一个星期大概练两次,而且要长期练习,这样效果会比较好。静坐的话我还要找地方,可能我先试试中午吃完午饭去走一走吧。不要整天只是坐着,我觉得这样就挺好的。"

"太好了,原本你要做3件事,我们现在先聚焦在1件事情上,就是每天吃完午餐让自己去走一走。你愿意在上班日都这么做吗?会不会有破例的时候?比如下雨天?"

"下雨天也没问题，我可以每天都出去走一走，因为我也不喜欢天气太热，下雨的时候我也许就在公司旁边的骑楼走两圈。因为骑楼可以挡雨，所以我想下雨天出去走一走应该也没什么问题。"

"好的，那我们约好，下一次见面前，工作日的中午你会在吃完饭的时候出去走一走。你也可以用手机记录一下你走路的时间，工作日每天打卡。如果在走路的过程中，你对自己的身体有任何觉察，也可以记下来，我们下次一起讨论。"

"好的，没问题。那如果有一天我忘记了走路的事情，该怎么办呢？"

"养成一个习惯是一件很不容易的事情，如果有一天你忘记了走路的事情，也没有关系。只需要在手机上照常记录下日期，将这一天跳过去就好了。这次虽然忘了，但你还记得提醒自己呀，我们第二天继续练习，就可以了。我们的目标是让这个练习可以轻轻松松地融入你的生活。"

"好的，这样感觉压力更小了。没问题，我觉得我做得到！"

提高自我效能感的 6 个方法

帮助员工提高自我效能感的方法有：

1. 增加员工在知识、技能方面的训练；

了解员工在处理该项事务上，缺乏的知识、技能，给予员工相关的训练，增加员工处理事务的技巧，提高员工解决问题的能力。

2. 通过示范来让员工更快地学习：

让员工通过学习他人的做法，来增加"我做得到"的自我效能感。例如：面对一个新任务时，可以让公司前辈来带后辈，让后辈可以通过前辈的示范来更快地学习。

3. 通过正向反馈增强信心：

员工在完成任务的过程中，如果出现错误，主管可以给予对方正确的方向，提升员工的应变能力，注意不要对员工进行人身攻击。通过正向反馈，逐渐增强员工处理问题的信心。

4. 累积小小的成功：

当员工愿意承担挑战性的任务时，即使是小小的成功，也能够增强他们对自己的信心，提高自我效能感。当完成很难达成的目标之前先完成容易达到的目标时，这些容易的目标的达成带来的小小的成功感都有助于员工进一步的表现。

5. 正向肯定员工的具体行为：

根据员工的具体行为，给予员工正向反馈。主管具体明确地鼓励员工，会让员工知道自己的行为产生了良好的效果，也会增强员工的自我效能感。

6. 给予员工情绪上的支持：

提早给予员工情绪上的支持。例如，提醒员工进行呼吸放松训练等,帮助员工消除害怕、紧张的情绪,也有助于他们再次执行任务时有优秀的表现。

▲ 帮助员工提高自我效能感的方法 ▶

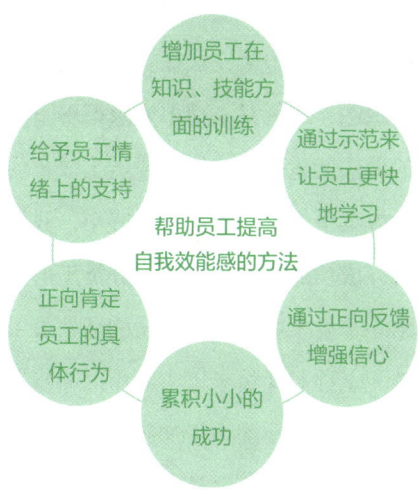

对主管来说,如何引导员工、和员工沟通、如何倾听员工的想法很重要,不能光用语言,还要用合适的方法。

我们在前文中提到过非语言信息,例如员工在讲到某些事情时,如果说话的内容和所呈现的表情、肢体语言相互冲突,那就说明这个员工除了所表述的内容,还有一些其他的想法。和员工建立关系时,不仅要听员工讲了什么,还要听懂员工讲这句话的真正含义。当员工表达负面情绪时,不要被对方的描述所迷惑,而应该提醒对方看清楚他自己所做的选择。

有效行动，从员工做得到的小行动开始

当需要员工聚焦在有效的行动方案上时，主管们要特别留意派发的任务的难易度。如果我们一下把任务难度调得太高，在员工还没有足够的信心、能力来完成任务的时候，员工可能会产生放弃完成任务的想法，或者只是简单地敷衍一下来验证自己就是做不到，这样的做法就达不到我们希望员工成长的效果。

有效的行动方案里的第一个行为要够小，我们要确保员工的第一步是正向的、成功的，这样才能培养员工的成功经验。

一旦迈出第一步员工就能获得成功的话，员工才有机会迈出第二步、第三步。也许只让员工迈出小小的一步，主管会觉得太过容易和简单。但每个小小的一步加起来，就会增强员工的自信心，一旦员工有了自信心，再给员工增加任务的难度，是更容易可行的做法。

你也来练习看看，在麦琪的案例中，我们有哪些可以提高她的自我效能感，让她聚焦于有效行动的方案。

▲ 帮助员工提高自我效能感的方法练习表 ▲

	现状	行动方案
增加员工在知识、技能方面的训练		
通过示范来让员工更快地学习		
通过正向反馈增强信心		
累积小小的成功		
正向肯定员工的具体行为		
给予员工情绪上的支持		

5-3
为团队建立正向鼓励、看见优点的工作流程

只是点出错误，不一定能帮员工做出改进

"顾问，我一直都不擅长考试，这个行业偏偏要求好多证书，我觉得我入错行了……"罗博是个证券公司的营业员，和他第一次见面时，他看起来有点沮丧。

"为什么这么说呢？"

"我以为人生中的考试，在大学毕业以后就可以结束了！偏偏这个行业，要求从业者要拥有非常多的资格证书，我又花了3年时间考取这些证书，过去我每天早上7点就要出门上班，下班回家开始看书，准备考试，但是我觉得自己做得好勉强，提不起劲，现在面对这些考试，我开始麻木了，我已经不想再准备了。"

"你的意思是说，你每天想要去做复习备考这件事，但是你没有真的去做，是这样吗？"

"是呀,我知道每天要做哪些事情,但结果都是想得多,做到的少。我希望自己考试一次就能考过,不要浪费报名费。可是下班以后我感觉很累,然后一看到这些考试教材就很生气,因此什么事情都没有做,一个晚上就又过去了。"

"你有试着跟主管或是部门的同事讨论过你的状态吗?"

"有呀,我们白天冲业绩、晚上冲成绩,不仅仅是我,后面加入公司的新人,也都撑不下去了。这个行业要求的证书多、报告多,达不到目标要检讨,达到目标要开分享会进行分享,准备分享会又是需要挤出时间来完成的一个任务,怎么做都有压力呀!我和主管说过我的感觉,他说每个人都是这样走过来的,他也扛着业绩,他也需要和大家进行分享啊!他说我最大的缺点就是爱拖延,拖、拖、拖都不去做,所以才会有压力,要我自己想办法。他的意思是我的能力很差吗?我就是不知道怎么做呀!"罗博越说越激动。

"感觉得出来,你的压力很大,这么大的压力对你现在的生活或工作有什么影响吗?"

"我睡不着,吃不下;有时候盯着电脑还会恍神,晚上睡觉前脑袋还一直在想着工作、考试的事情,根本停不下来。睡觉的话,睡得好的话大概可以睡 5 个小时,有时候也只能睡 1—2 个小时。本来周末可以睡好一点,但是现在星期天也没办法睡好了。"

"因为星期一要上班,所以星期天就没办法睡好吗?"

"是呀,本来周末我喜欢去郊外爬山,也喜欢跟朋友去烤肉、钓鱼，享受与大家在一起随便闲聊的乐趣，但最近这几个月我都没有时间去爬山或者和朋友们在一起玩儿。到了周末我只想睡觉，但是我又睡不着，总觉得自己一无是处，没成就感、没朋友，很有挫败感。"

看到这里，我想请你先想想，我面前的罗博会是一个什么样的人呢？

我们看看罗博主管对罗博的回应，是不是我们经常会听到的回应内容？但是效果怎么样呢？罗博是不是反而更加沮丧了？在这个单元，我们试着探讨，正向鼓励的方法，能够在沟通中带来什么样的可能性。

看似阻挡员工的原因，可能隐藏着好的期待

我们可以用冰山隐喻检视表，先练习探索罗博潜藏在心里的需求。

▲ 冰山隐喻检视表 ▲

行为	
观点	

续表

情绪	
期待	
渴望	

主管们在和员工对话时,要避免对员工造成困扰。在罗博的案例中,罗博除了陈述他自己遇到的压力,你还听到了他的哪些动机和期待呢?以下是我列出的他可能有的动机和期待。

▲ 冰山隐喻检视表(例)▲

行为	・上班的前一天晚上会睡不着,睡眠时间短,脑袋停不下来 ・对公司定的目标开始麻木,什么都不想干 ・下班后准备看书、复习,可什么事情都没干
观点	・不想浪费报名费,考试想要一次就过 ・没达到既定的目标就是没有价值的人
情绪	・觉得自己提不起劲 ・觉得自己一无是处,很有挫败感
期待	・期待能将工作做好、考试能考过 ・期待主管能给予一些帮助
渴望	・渴望自己是有价值的、能够获得支持

看到员工已经在做的事情，和员工共同努力

在这个冰山隐喻检视表中，我们看到罗博其实是希望把事情做好的，只是缺乏一些做事的方法和技巧。关于考试，他可能缺乏管理时间的方法来兼顾上班和复习，也可能缺乏应试技巧，关于工作业绩，可能是他不知道完成业绩需要哪些能力，而自己又缺乏哪些能力，也可能是他缺乏能够完成目标的信心。

这些都是可能的方向。

接下来，我们就可以运用前文中提到的STAR法则，找出罗博过去的成功经验，例如：过去那些成功考过的专业考试在备考时他采用了什么方法，哪些备考经验是可以运用在之后的职业证书考试准备上的……或是运用GROW模式，对罗博的目标进行拆解，可以看看在拆解后的每个阶段要怎么规划时间等。我们要知道哪个目标对他来说是要优先达成的，和他一起慢慢进行调整。

在沟通中，让员工多去看到自己具体能做的事情以及努力一下就能做到的事情，这就是正向鼓励的方法。

▲ **正向鼓励的方法** ▲

Step 1
用冰山隐喻检视表开启对话
探讨员工行为背后的
动机与内心的期待

Step 2
用 STAR 法则
找到员工的成功经验，
建立员工的信心

Step 3
展开 GROW 行动
共同制定目标，拆解任务

Step 4
积累成功经验，绘制成长曲线

当员工看到自己在做的事情和已经做了哪些事情的时候，他的掌控感会提高成就感会增加，当主管看到员工的行动，并且和员工一起努力的话，对员工来说，更是一种重要的助力。

20世纪60年代，美国心理学家马丁·塞利格曼，在研究中发现，狗在笼中多次遭受不可逃避的电击后，即使后来在被电击前打开笼门，狗也不再逃脱，反而是不等电击出现狗就先倒地呻吟和颤抖，他将这种现象称为"习得性无助"。后来他进一步研究发现，这种习得性无助也会在人身上发生，该发现对理解抑郁等心理问题的产生机制有重要意义，让人们认识到人类在面临长期的、不可控的负面事件时，也会产生类似的心理状态，进而影响行为和情绪。

塞利格曼在提出"习得性无助"理论后进一步研究发现，人们对事件的解释方式是可以改变的。人们通过学习和训练，能够培养出一种乐观的解释风格和思维方式,从而在面对困难和挫折时,更倾向于将其视为暂时的、特定的、可改变的,而不是将其归结为永久的、普遍的、个人无法控制的,进而保持积极的心态和行为,这就是"习得性乐观"。

塞利格曼发现,人面对问题时,解释问题和归因的方式,会影响他是持悲观态度或是持乐观态度。乐观的人,面对问题的时候,会将好的状态认为是长久的、普遍的、个人的归因。而悲观的人却刚好相反。同一件事,因为归因的方式不一样,就会得到不同的结论。

帮助员工把成功原因归于自身

罗博的情况是什么呢?他不断地强调考试带来的压力,我们就可以陪他探索一下:为什么考试会给他造成这么大的压力呢?

罗博自己分析,包括他已经花了 3 年准备考试、白天上班、晚上念书、缺乏其他的娱乐活动。已经考到手的证书,也没有对业绩做出什么贡献……"长时间备考""生活单调""没什么回报",长期的压力让他产生无力感。

要打破罗博的无力感,就要把成功的原因归于他自身。

例如,让罗博具体看到过去 3 年自己已经考取的证书数量,让他看到自己有应试的能力、看到自己可以掌握复习的步调,不一定要全面牺牲自己的社交时间，他是有选择的。通过回看过去取得的成功，让他曾经的努力，能被他自己看见，具体的成功，会慢慢地让他改变对自己的看法，从感觉无助的状态到乐观的状态。

然而，我们通过从小接受的过分强调分数的教育方式，养成了只去看扣分处的习惯，只看到自己做错的地方，却忽略了自己已经会的、做对的地方。我们学到的认识自己的方式，常常是用考试的结果来衡量自己，为了考得好，我们就要先聚焦在错误的题目上，然后再将做错的题目做对，久而久之，养成了寻找错误的习惯。

我们从现在开始，可以做"我很棒"的练习：不要总看自己的不足，要多看自己的长处。现在我们每天要做的一个小练习是：只要我开始着手在做一件事，那这个开始就是一个小胜利。这样，我们每天都可以轻轻松松地做这个练习，并将做这个练习的习惯慢慢地融入我们的生活，这样我们便能养成一个新的习惯，形成一个新的生活节奏。

"从明天开始，你能开始做'我很棒'这个练习吗？"

"好哇，好哇，这样感觉压力更小了。我喜欢顾问你说的过'我很棒'的人生，很有意思。我以前都没有这样想过！"

身为主管，一旦我们了解了罗博的真实诉求，就有更多的角度和他一起对影响业绩的行为进行探讨，找到更好的方法来达成目标。

从员工想要的结果入手对员工进行引导

在工作中,员工出现拖延的状况是很普遍的。像是前文案例中的主人公小娟,就存在拖延的问题。有的人会拖延,是因为他们做事情前在心里为这件事情设立了过高的标准,这个高标准不是在短时间内就能达到的,于是他们便不断受到挫折。这种挫败感,会让人花过多的时间在自我监督、自我责备等各种内耗的情绪上,于是导致了有时候还没真的开始做事情,就感觉到压力山大,或者做事做到一半,就开始拖延。

如果员工需要引导,我们不要从员工的外在表现出的行为入手对员工进行引导,而是要从员工想要达到的结果作为切入点对员工进行引导。例如,可以先搞清楚员工想要得到的结果是什么,是什么因素阻碍了员工继续推进工作,如何帮助员工将目标进行拆解,如何放大员工的成功经验,让员工产生工作的动力。

5-4 让员工持续正向地螺旋式成长

主管要从大局着眼,带动整个团队成长

强哥是一个门市店店长,他原本带着店里的成员相处和睦,互相支持,没发生过什么大问题。但是两年前,强哥结婚,太太生了一对双胞胎,太太休完产假要上班,于是两个人上班时将孩子托给父母,下班时将孩子接回来照顾。两个小孩子,一个哭的话,另一个也会跟着哭起来,于是大人晚上就休息不好,第二天还要爬起来准点上班,既要照顾好孩子,还要好好上班,时间久了,强哥和太太感觉非常吃不消。

强哥做的销售业务,等门店打烊回到家也是很晚了,有时候连跟太太一起吃顿晚饭的机会也没有。他工作时间长,一直没什么时间照顾家里,他也想休息一下。于是他和太太讨论,想向公司申请停薪留职,在家休息两年专心带小朋友。夫妻二人达成共识后,强哥向公司提出停薪留职的申请,公司也准了。两年的时间,强哥就依计划,在家专心带小孩。

半年前，强哥向公司提出了恢复工作的申请。公司指派了新的门店给他。这时候问题就出现了，以前强哥带的团队，业绩在划分的区域里排名总是能进前三，大区经理看中他过去带团队时取得的业绩，便把这家业绩一直垫底的门店交给他，强哥也觉得从自己过去的经验来看，自己一定能把这个门店的业绩拉上来，于是信心满满地答应了。

结果强哥来到这家门店，团队业绩迟迟不见起色，不但几个月来业绩一直处在末尾。上个月业绩居然垫底！这下大区经理来得更勤了，也约了强哥询问，问强哥有没有需要协助的地方，大区经理建议强哥来找我聊一聊，找找到底为什么团队一直带不起来，有什么方法能让门店的业绩有点起色。

我先和强哥盘点了一下他过去带门店获得好业绩的成功经验。听完他过去的经历，就能知道强哥是一个很有经验、也有工作能力的业务员。

"可是顾问，我过去带的都是有经验的业务员，这个经验在这家店用不上啊。"

"为什么这么讲呢？你现在的门店里，有经验的业务员不多吗？"

"我的门店总共有6个人，除去行政助理和我，还有4个人。其中一个是新人，他目前的表现还可以；一个是我的学弟，他是我现在的支柱，还好有他帮我一起撑着，不然我就更头痛了。另外两个，一个是阿宝，只会在办公室聊养小娃娃的经历、参加团购活动，每天下班准时打卡走人，另一个是阿章，做什么都要别人帮他收尾，常常借故就跑出去，做事时找借口花的时间比真正做事的时间还多。"

"助理的表现怎么样呢？"

"助理的表现还不错，做事还挺仔细的，她在这家门店待的时间也久，很清楚什么时候要交什么数据，要催哪些货，我对她还挺放心的。"

"听起来很棒呢，刚刚你说目前6个人中你、你学弟和助理的战斗力满满，新人呢？战斗力是你的战斗力的50%吗？另外两位的战斗力呢？"

"新人的战斗力可以算是我的战斗力的50%，目前交给他的工作，他执行得还不错，只是我担心他会被另外两个人的工作态度带坏，变得懒散。另外两个人的战斗力相加，估计是我的战斗力的50%吧！"

"所以这样评估一下，如果你的战斗力是1分，那么你们门店的战斗力现在一共能得几分呢？"

"我、学弟、助理各1分，新人0.5分、阿宝和阿章一共0.5分，总共是4分。"

"也就是说现在的团队只发挥了6成的战斗力，你觉得这是目前你们战斗力的天花板了吗？或是还有其他的因素要考虑呢？"

"我觉得主要是人的因素，其实提升我们这个区域的业绩不难,但是遇到两个"活宝",每次客户进来遇到他们就完蛋,不但留不住客户,还会有很多的客户投诉。"

我拿出工作能力／工作意愿矩阵,和他一起分析了起来。

▲ 工作能力／工作意愿矩阵 ▲

工作意愿程度强

新人 R2 型工作能力弱、 工作意愿强	强哥 助理 学弟 R4 型工作能力强、 工作意愿强
阿章 R1 型工作能力弱、 工作意愿弱	阿宝 R3 型工作能力强、 工作意愿弱

工作能力程度弱　　　　　　　　　　　　　　工作能力程度强

工作意愿程度弱

分析完后,强哥长长地出了一口气说:"顾问,我发现问题了,之前我都把注意力放在阿宝和阿章他们两个有问题的员工身上,如今在我看起来这个门店的业绩还是可以冲一冲的。"

"没错,我们通过盘点现状,你就更清楚地知道现在可用之兵是谁,优先考虑的事情是什么。"

"第一步我要和我的学弟先取得共识,肯定他的价值,要先留住优秀的员工。接下来我要带新人,提高他的业务水平。"

"是的,刚刚我们用工作能力／工作意愿矩阵,对员工做了不同的分析，那么针对不同的人，要采取不同的管理方法。例如学弟、助理，他们都很清楚自己应该做什么，那么现阶段你可以采取放权的方式，先和他们确认具体的目标和需要采取的方法后，放权让他们自己去干，这样可以让他们提高解决问题的能力，同时你也可以省下时间去帮助有工作意愿但还缺乏工作能力的新人。"

"好的，就这么干。那阿宝和阿章怎么办，我拿他们没办法。"

"从工作能力/工作意愿矩阵图上看，阿宝的工作能力还算不错，只是她不能配合加班，所以你觉得她的工作意愿比较低，是这样吗？"

"是的，只要她觉得这件事会影响她的下班时间，她就不太想做。"

"也许你可以试试用双向沟通的方式对待她，比如在派任务的时候，先和阿宝一起讨论，她对完成这个任务有什么想法，她会采用什么方法，如果她的方法能够让她完成任务，那么你就支持她用她的方法去完成。例如，可能她要接小孩不方便加班，但她可能有不加班就能完成任务的替代方案。所以多听她说，也会增加你对她的认识。"

"嗯，我看我的学弟和阿宝沟通的时候，阿宝就还挺配合的。"

"那太好了，你觉得你的学弟有可能带着阿宝干吗？"

"这是个好建议。我学弟的表达能力很强，也很有同理心。有机会我也想培养一下我学弟，说不定他以后也能当店长。我可以和他谈谈,看他是不是愿意带一带阿宝。"

"如果他有意愿的话,那就太好了。"

"那阿章呢,我也这样处理吗?"

"阿章看起来还缺乏点儿工作能力。你可能要给他更明确的指令,明确告知他各项细节和具体的做法,设置检查节点,也要获得他的具体承诺,在何时可以达成什么任务,工作能够做到什么程度,一段时间后再跟他谈一谈。这样就能够进一步评估他对这份工作的适应程度。如果告知他这些具体的做法后,他都无法按照要求完成任务,且在做事的过程中也无法和你进行有效的沟通,那么你可以给予他一个期限,让他进行改进,或是看看他的能力是否匹配其他职务。"

"我明白了,我之前没有用这样的角度去评估员工的情况,现在盘点一下,我发现我们这家门店的情况也没我想的那么差。以前我会更在意阿宝、阿章的表现,他们的表现比我以前带的门店员工的表现差得多,不能都放权给他们,因为这招对他们不起作用。原来面对不同的员工,带法是要改变的。"

"是的,主管要从大局来看,要动用部门所有的资源,互相带动彼此的成长,主管才会更加省力。像你刚刚想到让你的学弟带带阿宝,这就是很棒的想法。你让你的学弟带阿宝,那么你就可以花更多的时间在阿章身上,帮助真的需要帮助的员工,同时你的学弟也能感受到被你重视的感觉,他也能积累带人的经验。让团队成员彼此尝试新的做法,会给团队带来新的能量。"

"我当初太希望一接手新门店,业绩就能一飞冲天,哈哈哈,我想这也是不太可能的事情吧,我给自己的压力太大了,结果业绩没做到一飞冲天,会员数量也没大幅增加,当然也没有提高客单价,每一项都没做到,那我的压力当然特别大,但是带团队嘛,是需要我花时间来和员工磨合,要花时间来培养员工的。"

"你想取得好业绩,而且你有过成功的带团队的经验,现在门店的员工也有超过一半的人是可用的,你们大有可为,要对自己有信心啊!"

每个人都要自我成长

在企业里,要成长的不只是员工,主管更需要成长。有意愿成长的主管,才能对员工言传身教,带动员工,一起前进。

如何成长?首先,我们要转变自己的习惯,从一直将注意力放在自己做错的地方、做得不对的地方,转变为"我很棒"的方式,一点点积累成功的感觉。先把我们的内在稳住,用肯定自己的态度,开始看待自己的成长。其次,通过觉察自己的惯性模式,倾听自己、关心自己,和自己建立一个好的关系。在信任自己的前提下,想一想,我现在要解决的是增加自己的工作意愿,还是提高自己的工作能力呢?运用冰山隐喻检视表,了解隐藏在自己外显的行为之下的情绪、想法、期待、渴望,找到问题的核心关键。最后，运用 STAR 法则，探寻自己过去的成功经验，并用 GROW 模式，为自己设定好目标，然后锚定目标，展开有效的行动。

在行动的过程中，如果遇到不达预期的情况，也不用感到非常受挫，因为这个时候正是我们练习调整方向的好时机。调整方向的情况是非常正常的情况，我们只要确保自己在正确的方向上持续前进就可以。就算中间不停地遇到需要调整方向的情况也没关系，不要为此而自我责备，不要觉得努力没有价值就干脆放弃努力！因为我们常常过分放大一天的努力带来的成功，却忽略了每天微小进步的积累带来的成功。

只要持续前进，继续通过跟自己建立关系、澄清问题、展开行动、正向反馈，并保持一定的弹性调整，当你再回头看时，你会突然间发现，自己已经默默地前进了一大段路。

看到自己的优点，别怕自我感觉良好

有些伙伴很可爱，跑来问我："顾问，我真的可以只看自己的优点吗？这样我会不会太自满？会不会太自我感觉良好？"

听到来访者这样讲，我不禁笑了出来。我们每个人都是美好的呀！如果每个员工，都能拥有完成任务的自信、能发挥自己的优势、能够进行良好的沟通、既能独当一面，也能配合团队协作的话，是多好的事情啊！

没有人是完美的，我们也不需要完美。但每一天，我们可以朝自己想要的方向前进一点点，取得正向的螺旋式成长。

举个例子，每个人每天公平地拥有 24 个小时，如果把我们每天拥有的热情与能量都分别量化为 1 分，我们可以看看不同状态下这个数字的变化。

如果今天我们只看到自己的失败，那么就会降低自己的幸福指数，例如看到一次自己的失败，就减去 0.1 分的话，那今天我们看到一次自己的失败就会得到"1-0.1"这个算式，也就是说今天我们的幸福感得分是 1-0.1=0.9。工作日都如此的话，5 个工作日的幸福感得分是 $(1-0.1)^5 \approx 0.59$。

但如果我们今天看到一次自己的成功，就加上 0.1 分的话。我们得到的算式是"1+0.1"，也就是说我们今天的幸福感得分是 1+0.1=1.1。工作日都如此的话，5 个工作日的幸福感得分是 $(1+0.1)^5 \approx 1.61$。

1.61 与 0.59，差了将近 3 倍！这还只是一星期的 5 个工作日的幸福感得分差距。心态不同，行动不同。行动不同，结果不同。

你想自己朝着什么方向成长呢？让我们立刻动动笔，先从升级自己的心态系统开始。

首先，列出你观察到的身边的工作伙伴的优势。想一想，如果你可以从主管、同事、家人、前辈、客户身上学到一个优点，这个可以让自己每天进步 0.1 分的优点会是什么呢？

其次，也要多多了解自己，把自己的优势列出来，想想如何运用自己的优势，为自己的事业助力。

最后，从上述可学习的能力中，挑出 2～3 个你愿意向别人学习的优点，具体落实在行动上。并为自己在达成行动一段时间后，设立奖励的机制，鼓励自己的实践，建立自己的螺旋式成长模式。

▲ 螺旋式成长模式 ▲

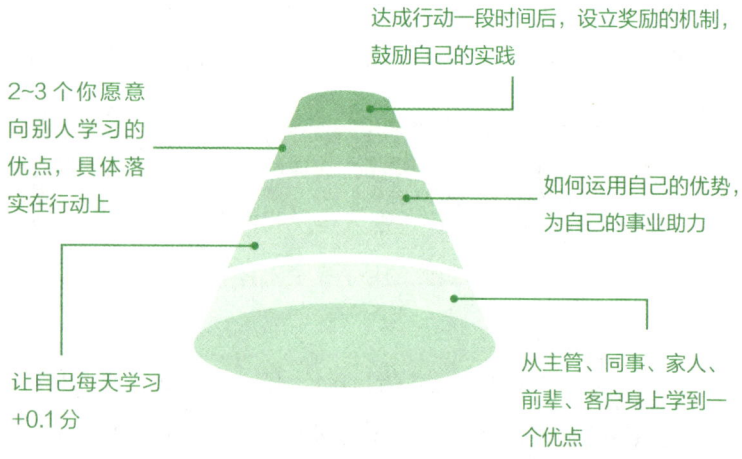

我们再看看 5-2 中麦琪的例子，复习一下本书的四个阶段。表格中的内容只是我列举的答案，你也动手试试看，在每个阶段，还可以有哪些内容呢？

建立关系	澄清问题	展开行动	正向反馈
• 肯定麦琪希望自己健康的想法 • 肯定麦琪的努力	• 你想要放松，但是经常使用责备自己的方式，是这样吗？	• 每天静坐一下 • 吃完午饭到办公室附近走一走 • 长期练习瑜伽	• 这个习惯是带着好意的，你希望自己表现得更好

如果我们的目标是要健康快乐地成长，那每天要滋养自己的，应该是生物成长过程中必要的养分、阳光、空气、水。

同样地，主管想要养成充满工作动能的成长型团队，就别忘了多看看员工们的潜力与优势，从平常的关系建立开始：

- 用主管角色厘清每个人的权责
- 用导师角色教导必要技巧与流程
- 用教练角色协助员工突破瓶颈

▲ 互相带动的螺旋式成长 ▲

主管要懂得给员工赋能，让团队成员相互支持、互相带动，形成螺旋式的成长模式。这，就是把问题视为团队进化的机会，带人带心，互相带动的"成长型领导力"！